DU LARD ET DU COCHON

PHIL VICKERY & SIMON BODDY
PHOTOGRAPHIES DE PETER CASSIDY

Rustica éditions

pour Denver Phil
pour Tina & Jack Simon

Première publication en Grande-Bretagne en 2013 par Kyle Books, une imprimerie de Kyle Cathie Ltd
67–69 rue Whitfield
London W1T 4HF
ISBN : 978-0-85783-101-9
general.enquiries@kylebooks.com
www.kylebooks.com
Textes © 2013 Phil Vickery and Simon Boddy
Design © 2013 Kyle Books
Photographies © 2013 Peter Cassidy
Illustrations © 2013 K-Fai Steele

Pour la présente édition :
Direction éditoriale : **Élisabeth Pegeon**
Suivi éditorial : **Julie Parpaillon** et **Pauline Raveau**
Direction artistique : **Laurent Quellet**
Conception graphique couverture : **Mathieu Tougne**
Mise en pages : **Véronique Sommeilly**
Traduction : **Françoise Zimmer**

© 2014, Éditions Rustica, Paris
Dépôt légal : octobre 2014
ISBN : 978-2-8153-0575-4
N° d'éditeur : 49866

www.rusticaeditions.fr
www.rustica.fr

Imprimé en août 2014 par Toppan (Chine)

Tous droits réservés. Toute reproduction, copie ou transmission de cette publication ne peuvent être effectuées sans autorisation écrite. Aucun paragraphe de cette publication ne peut être reproduit, copié ou transmis sans autorisation écrite ou en conformité avec les dispositions de la Loi sur le droit d'auteur 1956 (tel que modifié). Toute personne qui accomplit un acte non autorisé par rapport à cette publication peut être passible de poursuites pénales et actions civiles en dommages-intérêts.

Note importante Les informations contenues dans ce livre sont conçues comme un guide général pour saumurer ou fumer la viande de porc. Elles sont basées sur l'expérimentation, l'expérience et la recherche des auteurs. Ni les auteurs ni les éditeurs ne peuvent être tenus pour responsables des conséquences de l'application ou de la mauvaise utilisation de l'une des informations ou des idées présentées dans ce livre.

7 Les cochons : un mode de vie

13 Le porc : un mode de vie

17 Épaule et travers de porc

39 Poitrine, longe et filet

77 Jambons

101 Bacon & pancetta

129 Saucisses

157 Abats

198 Glossaire

200 Index

LES COCHONS : UN MODE DE VIE
Phil Vickery

Ma fascination pour les cochons remonte à ma plus tendre enfance comme un précieux souvenir : celui de mon père achetant une demi-carcasse à un fermier des environs et la découpant avec soin pour la conserver au congélateur pendant les mois d'hiver. Nous habitions à la campagne, dans le Kent, près de Folkestone, et même si ce n'était pas un événement courant, cela nous paraissait cependant naturel. Pour la première fois, je découvris un animal mort dans la maison. Mon père ne se contenta pas de découper et préparer les morceaux considérés comme essentiels, mais utilisa jusqu'aux moindres extrémités. Depuis ce jour, comme mes frères et moi-même, il adorera cuisiner les pieds de cet animal et me chargera de lui en apporter deux à chacune de mes visites chez notre boucher. Un autre penchant le portait vers le fromage de tête. Je revois encore le moule contenant, frémissants et gélifiés, des morceaux de tête, de langue et de cervelle. Je me rappelle également sa préparation dans une coupe en pyrex et sa présentation finale sur un plat émaillé cerclé de bleu. Le tout à l'heure du thé avec du pain et parfois du piccalilli.

Le premier ouvrage culinaire que j'ai lu me fut procuré par le gardien de la paroisse. Je devais avoir huit ou neuf ans et, selon ma mère, je n'avais alors jamais manifesté le moindre intérêt pour la cuisine. J'ignore la raison de ce don : sans doute voulait-il m'occuper alors que mon père se chargeait d'une vente de charité. Cette édition de 1936 d'un guide quotidien de la bonne chair me ravit par ses merveilleuses couleurs, ses descriptions de plats prestigieux et de méthodes des plus grands chefs. Quarante ans plus tard, le feuilletant à nouveau, j'y découvre, retranscrite de mes mains, la recette du fromage de tête de mon père, accompagnée d'une autre parmi ses préférées : celle du pudding au pain !

Le fermier, George King, qui avait fourni le demi-porc à mon père était grand, parlait avec calme et portait toujours un chapeau plat. Son fils Andrew l'aidait à la ferme où sa mère tenait une petite boutique. Mon frère aîné y travaillait le samedi à différentes petites tâches et un jour, à la fin de l'été, il me proposa de participer au ramassage des pommes de terre. Cela signifiait arpenter le champ et se baisser pour recueillir ce qui avait été extrait par le tracteur. C'était une tâche difficile pour le dos mais qui me plut cependant. Nous fûmes payés par 25 kilos de pommes de terre, quelques sacs de fruits défraîchis et une petite bouteille de lait en direct du pis de la vache pour accompagner nos cornflakes.

J'ai pris ensuite du galon en nourrissant et abreuvant les porcs, ce qui me prenait une bonne heure pour entrer et sortir d'une longue rangée d'enclos. Nous devions broyer l'orge et le blé dans une grosse machine, puis les mélanger avec un complément industriel. Certains samedis, une grande camionnette nous apportait une vingtaine de sacs pour farine bourrés de rebuts de pains et de beignets provenant de la boulangerie. Certains étant encore comestibles, Andrew et moi, nous nous en gavions... Inutile de préciser que les porcs faisaient de même avec le plus grand naturel. Ces derniers ne manquaient pas de personnalité et portaient des noms familiers : Gertrude, une séduisante Saddleback, y côtoyait Queenie, un croisé de race Duroc, tandis que le sympathique verrat Albert respirait la joie de vivre. Parfois, certains spécimens échappaient aux normes comme Wibbly et Ted. La première avait une démarche hésitante et tremblait de façon convulsive, résultat probable d'une déficience mentale qui ne l'empêchait pas d'afficher un caractère affectueux. Le second, petit dernier d'une portée, arborait un gros ventre qui frôlait le sol et, comme enrhumé, reniflait en permanence. Ils furent inséparables, vivant dans la grange ou parcourant la ferme et devinrent de beaux adultes, sans doute parce qu'élevés en liberté.

En fait, ces conditions de vie et un régime alimentaire bienveillant les mettaient à l'abri du stress et des maladies bactériennes infectieuses pour leur permettre de devenir, à maturité, des porcs savoureux. On était au cœur d'une entreprise familiale à petite échelle, privilégiant la qualité de la viande bien avant qu'on parle de production intensive à base de régimes alimentaires draconiens favorisant une croissance rapide. À l'époque, tous les restaurants ou hôtels dans lesquels j'ai ensuite travaillé possédaient un « chargé du porc » qui, chaque semaine, remplissait une poubelle avec des déchets de cuisine. Lesquels, bouillis et tamisés, nourrissaient les animaux. Cette méthode fut ensuite interdite en raison de règlements pointilleux. Il me vient à regretter les temps anciens, lorsque des tonnes de bonne nourriture n'étaient pas gaspillées dans les décharges publiques. En majorité, les aliments industriels pour porcs sont d'ailleurs complétés par des rebuts de boulangerie ou de pâtisserie comme le pratiquait George. Ainsi se recoupent la production de masse et l'économie de collecte familiale. Bien entendu, cette dernière ne doit pas contourner la réglementation, en évitant par exemple que de la viande crue ou des produits de la mer entrent dans la chaîne alimentaire des animaux de boucherie.

Ce que j'ai retenu de l'exemple de George est surtout le respect du cycle naturel de l'animal : naissance, sevrage, nourriture, puis vente, le tout dans un contexte de petite entreprise artisanale respectueuse du bien-être de ses pensionnaires. Bien entendu la nourriture est essentielle, mais des espaces de liberté convenables, de l'eau douce en abondance, voire une ambiance paisible concourent à la qualité du produit fini. Si l'étape finale de gentils porcelets conduits à l'abattoir n'est pas la plus agréable, du moins l'éleveur humaniste peut-il avoir la satisfaction d'avoir procuré à ses protégés le cycle naturel d'une vie harmonieuse.

L'abattage constitue sans doute une expérience désagréable pour le spectateur, mais il convient d'ajouter que la viande d'un animal stressé peut être difficile à utiliser. Mon ami Simon, boucher de son état et coauteur de cet ouvrage, m'a appris qu'un excès d'adrénaline pouvait transformer une carcasse en une sorte de gelée. D'où mon souhait réitéré que la viande que nous consommons provienne d'animaux correctement traités. Je l'ai respecté personnellement pendant toutes les années que j'ai consacrées à l'élevage.

Par ailleurs, cette expérience m'a permis de tester les différentes races, parfois rares ou anciennes, sur leur rendement, leur saveur, leur teneur en graisse. Si toutes ont leur intérêt, certaines présentent cependant un certaine faiblesse de rendement et d'autres un excédent de matières grasses. En tête de mon palmarès figurent les races Oxford Sandy, Black et Berkshire ainsi qu'un croisement entre Pietrain, Duroc et Middle White. La variété Gloucester Old Spot est plébiscitée par de nombreux chefs comme celle des Tamworth. Mais à la vérité, tout dépend de ce que vous souhaitez en faire. La teneur en graisse du produit fini alimente les polémiques et les journaux fourmillent d'histoires d'horreur. Précisons que la graisse de porc peut être bénéfique dans certains cas et qu'un morceau de porc maigre en contient moins qu'une portion de fromage blanc. La grande distribution a une part de responsabilité dans cette affaire, elle qui assure que le consommateur souhaite une faible teneur en gras pour découpes et rôtis alors que d'autres professionnels savent que le gourmet aime les viandes un peu grasses, sans excès. La solution réside sans doute dans une production écourtée dans le temps évitant l'abus d'engraissement des bêtes sur pied.

D'un point de vue de chef, la chair du porc est incroyablement polyvalente et j'ai toujours soutenu qu'elle s'accorde à toutes les saveurs. Les épices d'abord : voyez le curry vindaloo où la viande se marie avec les fragrances épicées sans pour autant les supplanter. De même avec des fruits doux (mangues, poires rôties, framboises) ou plus acides comme le cassis, la rhubarbe et les citrons jaunes et verts. Ou bien encore avec certains poissons ou fruits de mer qui se marient agréablement avec le porc (homard, crevettes, coquilles Saint-Jacques et même saumon). Enfin nombre de condiments (crème, moutarde, vinaigre, huile, herbes aromatiques) font bon ménage avec cette viande. Succès garanti sur toute la ligne !

Il était autrefois coutumier qu'une famille élève un porc et l'engraisse en vue des durs mois d'hiver. Au printemps et en été, il se gavait, puis, le temps venu, nourrissait la petite communauté. Chaque morceau de l'animal était préparé et dégusté frais ou conservé, en salaison, méthode la plus usuelle, ou confit dans sa propre graisse. Ce qui est encore pratiqué par bien des chefs. Les Européens proposent une séduisante variété de procédés que j'ai pu admirer lors d'un voyage dans le sud de l'Espagne. En Andalousie, j'ai rencontré Miguel, responsable du contrôle de la fabrication du meilleur jambon du monde séché en plein air, le jamon ibérico. Dans cette région, grande comme la Hollande, prospère une race de porcs savoureux qui se nourrissent de glands et acquièrent un tiers de leur poids en seulement trois mois. Ils se montrent très habiles à décortiquer les cupules des fruits du chêne, mangeant l'intérieur et rejetant le reste. Âgés d'un an, ils sont rassemblés, sacrifiés, et leurs jambons, frottés de sel de mer, suspendus pour de longs mois jusqu'à ce qu'ils acquièrent leur incomparable douceur. Certains sont commercialisés après quelques mois, d'autres conservés jusqu'à cinq ans, toujours surveillés de près et en permanence expertisés. Lors de mon départ, me serrant la main, Miguel me dit : «*N'y pensez même pas : vous ne pouvez faire ça chez vous !*». Dans l'avion, je rumine : «*Et pourquoi pas ? Nous avons la viande, le sel, nous pouvons reconstituer la température et, plus important encore, le taux d'humidité !*»

J'achète donc un terrain et des spécimens de bonne race pour pratiquer la production de jambon... Une catastrophe ! Je n'obtiens que des pièces moisies... maigres et desséchées... Une seconde tentative se révéla tout aussi désastreuse... Un jour, Peter Gott, un ami, me dit : «*Montre-moi tes mains*». Et comme j'obéissais, il commenta : «*Tu n'es pas un vrai paysan : tu n'as pas de cal sur les paumes !*» J'en étais à désespérer lorsque je rencontrai Simon Boddy, boucher bourru qui dédaignait les cuisiniers en des termes que je ne peux répéter. Et il me le fit savoir à titre personnel ! Mais c'était un maître dans l'art de la salaison et de la conservation. Nous sommes finalement devenus les meilleurs amis du monde ! Puis partenaires quand nous avons partagé notre passion du porc et qu'il m'a communiqué son insurpassable expérience et sa puissance de travail. Il nous arrive encore de plaisanter sur la rudesse de nos premiers échanges ! Lorsque j'ai décidé d'écrire cet ouvrage, il fut évident que je souhaitais l'y associer. Comme une dédicace à presque soixante ans de dur labeur partagé. Oui, Miguel avait sans doute raison de douter d'une adaptation réussie de ses secrets ! Mais quoi ? Nous allons nous rattraper !

ous l'appellation savante de *Sus Scrofa domesticus*, le porc domestique tel que nous le connaissons est considéré comme une sous-espèce du sanglier sauvage. On a trouvé dans le bassin du Tigre, à l'est de la Turquie, les preuves archéologiques d'une domestication remontant à 12 000 ou 13 000 ans avant Jésus-Christ. Un processus réalisé facilement par nos ancêtres grâce à la nature adaptable et au caractère omnivore du sanglier. Cet animal sauvage cohabitant ensuite en Occident avec le porc, le débat n'est toujours pas tranché entre l'hypothèse d'une domestication locale et celle d'un croisement initial avec des porcs domestiques asiatiques. Ainsi des porcs chinois ont été importés au Royaume-Uni au XVIIIe siècle, puis, en 1830, un couple de sangliers d'une espèce gris-noir fut amené d'Italie par Lord Weston. On les fit probablement se reproduire entre eux pour améliorer la variété et la qualité de la viande produite. Même si l'on manque encore d'informations irréfutables pour expliquer le caractère de notre production nationale, je pense qu'elle doit beaucoup à ces mélanges ancestraux.

Bien que j'ai travaillé la question depuis près de trente ans, mon véritable intérêt s'est affirmé il y a environ quinze ans. Je venais de perdre un gros client et j'étais à la recherche d'une solution de remplacement pour remonter mon chiffre d'affaires. L'élevage porcin était alors dans une période difficile au Royaume-Uni. J'eus alors l'idée d'offrir un service aux éleveurs pour accroître la valeur de leur production, à savoir procéder à la transformation des animaux sur pied en bacon, saucisses et autres produits dérivés. J'ai proposé un article sur ce sujet au journal Farmers Weekly et nous avons rapidement reçu des commandes et commencé à transformer plusieurs porcs. Je dois avouer que le succès de l'entreprise a vite dépassé mes prévisions les plus optimistes. Avec l'apparition et le développement des marchés agricoles à la fin des années 90, cette activité, à l'origine complémentaire, est devenue une seconde profession. Au-delà de l'aspect commercial, j'ai alors beaucoup appris sur les différentes races de porcs, leurs caractéristiques propres et la façon de s'y adapter.

Les races les plus populaires sont sans conteste le Gloucester Old Spot, le Tamworth et les Large Black, Middle White, Berkshire, Oxford Sandy, Black ou Saddleback. Malheureusement, je n'ai d'affection pour aucune de ces espèces. Il existe en effet un large malentendu autour de l'idée que les races les plus rares fourniraient les produits les plus goûteux, ce qui constitue franchement un tissu d'âneries. En fait, l'origine de la rareté est tout simplement que, commercialement, personne n'en veut, moi compris ! Si j'utilise le terme «commercial» c'est que cet élevage est ainsi organisé et que vous ne trouverez aucune mention de «race rare» sur tel ou tel produit, mais seulement l'appellation «hybride».

En effet, sous la double pression des consommateurs avides de viandes moins grasses et celle des grandes surfaces pour des prix mois élevés, nous avons, au fil des ans, constaté que les entreprises d'élevage se tournaient vers des espèces hybrides propres à satisfaire ces demandes. Ainsi sont privilégiées certaines souches auxquelles le développement des techniques de tri génétique sont appliquées à des reproducteurs capables de satisfaire le goût commun et les exigences commerciales. Sont alors nées des espèces proposant des viandes maigres et des jambons avantageusement musclés.

Lorsque j'ai rencontré Phil, nos premières tentatives allèrent vers des croisements de Sandy et de Black. La part de viande maigre utilisable représentait de 30 à 40 % de l'animal, ce qui n'était pas suffisant. Qu'on ne se méprenne pas : la qualité était fantastique, mais la quantité insuffisante... J'ai alors présenté Phil à un éleveur spécialisé dans le porcelet élevé en plein air à destination des grandes surfaces. Il travaillait dans la perspective de viandes maigres et de carcasses musclées, des produits fermiers compatibles avec les méthodes d'élevage naturel... La plus grande partie de sa production provenait des souches Large White et Landrace tandis que Duroc et Hampshire amenaient leur rusticité et leur marbrure intramusculaire et que Pietrain fournissait la conformation et la robustesse. Notre premier lot de ces hybrides fut installé dans une partie de forêt clôturée à laquelle nous avions accès et ils furent autorisés à agir comme des porcs doivent agir, c'est à dire en recherchant leur nourriture et en déracinant tout sur leur passage. Ainsi étaient-ils nourris de façon naturelle aussi bien qu'avec des doses de produits industriels. Ce régime les garda en bonne santé et les fit prospérer rapidement pour être prêts à l'abattage au bout de neuf mois. À l'examen, les carcasses se révélèrent à 100 % conformes à ce que nous avions souhaité pour la fabrication de la meilleure charcuterie qui soit. Après quoi, nous n'eûmes plus aucune raison de nous retourner vers le passé !

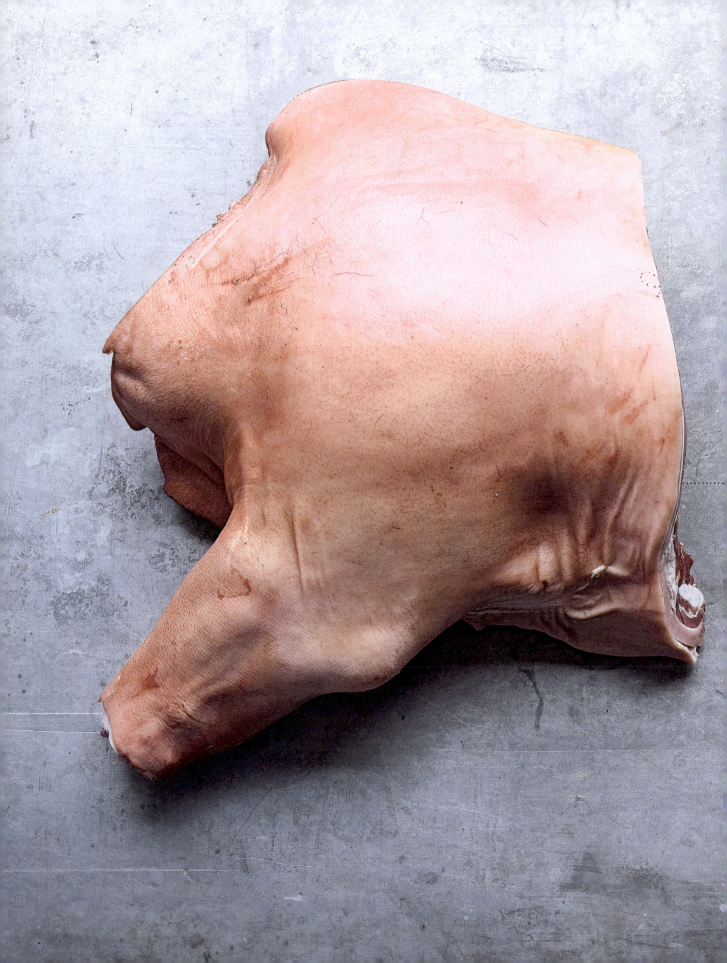

CHAPITRE 1 # Épaule
et travers de porc

Les pièces avant d'un animal de boucherie sont trop souvent négligées. Chez le porc, il s'agit notamment de l'épaule (ou palette). Certes, sa proportion de matières grasses est notoirement plus importante que dans d'autres morceaux comme l'échine, le filet ou le jambon. Mais cela peut être un avantage : ainsi, une épaule de porc roulée se révélera délicieuse, sans pour autant devenir sèche parce que la graisse qu'elle contient l'imbibera tout au long de sa cuisson. La viande issue de l'épaule convient également aux cuissons à l'étouffée, braisées ou en ragoûts, et elle permet de réaliser d'excellents hamburgers. Ces derniers, un peu secs quand ils sont préparés avec une autre découpe du porc, deviennent moelleux grâce au 15 à 20 % de matières grasses que contient l'épaule hachée. De même, la gorge de porc, peu utilisée, détaillée dans le cou devant l'épaule, sera appréciée légèrement grillée, sautée ou cuite au barbecue.

Mon ami Simon assure que les meilleures saucisses, saucissons et salami proviennent d'une épaule de porc soigneusement préparée. Lorsque nous travaillions ensemble, il en détachait tous les muscles qu'il coupait au niveau de leurs attaches, puis il les hachait avec un bon apport de graisses de qualité. En effet, la saveur de ces charcuteries tient principalement au choix d'une viande un peu grasse. Si vous l'oubliez, leur saveur sera décevante et leur texture trop sèche. Bien des produits du commerce sont réalisés avec des rebuts de mauvaise qualité. Nous, nous prenons grand soin de respecter un bon équilibre entre l'excellence de la viande, l'apport en matières grasses et un assaisonnement adapté.

Les travers de porc sont devenus très tendance. Depuis plusieurs années, bon nombre de brasseries ou de restaurants les proposent sous diverses formes. Un succès qui n'est pas surprenant tant il est agréable de picorer avec les doigts dans un plat de travers resplendissants et finement aromatisés que l'on dévorera à pleines dents. J'ai eu la chance de séjourner en Caroline du Nord où j'ai appris à les préparer et à les fumer comme il convient. Règle essentielle : les cuire lentement dans un environnement humide jusqu'à ce que la chair se détache de l'os. Avouons-le : nos amis Américains ont transformé des sous-produits destinés à être rejetés en recettes haut de gamme. Dans tous les États du Sud, s'organisent des concours culinaires spécialisés où l'on passe des heures, voire des jours, à perfectionner des recettes locales. Je vous en propose une version personnelle qui est facile à cuisiner, mais non moins délicieuse.
– Phil

Jambonneau braisé aux myrtilles et baies de sureau séchées

JE FAIS SÉCHER LES BAIES DE SUREAU QUE JE RÉCOLTE EN ÉTÉ : C'EST UN MOYEN IDÉAL POUR LES CONSERVER TOUT L'HIVER, VOIRE JUSQU'À LA RÉCOLTE PROCHAINE. N'ÉTANT PAS ENCORE DISPONIBLES DANS LE COMMERCE, VOUS POUVEZ LES REMPLACER PAR D'AUTRES BAIES ROUGES SÉCHÉES. HUIT GRAPPES DONNERONT ENVIRON 350 G DE BAIES FRAÎCHES QUI VONT RÉDUIRE DE MOITIÉ APRÈS SÉCHAGE. JE LES PLACE SUR UNE PLAQUE ANTIADHÉSIVE ET LES GLISSE DANS LE FOUR PRÉCHAUFFÉ À 110 °C (TH. 3-4) POUR 6 À 7 HEURES. ELLES SÈCHERONT PLUS RAPIDEMENT SI VOUS UTILISEZ UN DÉSHYDRATEUR. LE MÊME PROCESSUS PEUT S'APPLIQUER AUX MYRTILLES, MAIS VOUS EN TROUVEREZ SÉCHÉES DANS LE COMMERCE D'UNE QUALITÉ ACCEPTABLE. JE VOUS COMMUNIQUE EN OUTRE UNE ASTUCE DÉCOUVERTE EN HONGRIE : N'AJOUTEZ JAMAIS LE PAPRIKA À L'HUILE CHAUDE ! IL BRÛLERAIT, DEVIENDRAIT AMER ET PERDRAIT SON ARÔME. NE L'INCORPOREZ AU CONTENU DE LA CASSEROLE QU'APRÈS LE SUCRE.

Pour 4 personnes   Préparation : 20 min   Cuisson : 2 h environ   Repos : 20 min

4 cuil. à soupe d'huile végétale
1 gros oignon très finement émincé
1 kg de jambonneau (ou d'épaule) de porc, découenné, dégraissé et coupé en cubes de 3 cm de côté
3 cuil. à soupe de farine
1 verre de madère
1 cube (10 g) de bouillon de volaille ou de porc déshydraté
2 cuil. à soupe de sucre en poudre
1½ cuil. à soupe de paprika fumé
2 cuil. à soupe de baies de sureau séchées
2 cuil. à soupe de myrtilles séchées
3 cuil. à soupe d'orge perlée
sel et poivre du moulin

POUR SERVIR
200 g de yaourt nature brassé
6 cuil. à soupe de persil plat finement ciselé

✱ Préchauffez le four à 160 °C (th. 5-6).

✱ Versez l'huile dans une cocotte. Faites-la chauffer à feu moyen, puis faites-y suer l'oignon 5 min en remuant.

✱ Mélangez les cubes de porc et la farine dans un saladier. Mettez-les dans la cocotte et faites-les dorer en les retournant souvent. Mouillez avec le madère et un verre d'eau, ajoutez le cube de bouillon émietté, mélangez bien, puis incorporez le sucre, le paprika, les baies séchées et l'orge.

✱ Salez, poivrez et portez à ébullition. Couvrez immédiatement et enfournez pour 1 h 45.

✱ Retirez du four et laissez reposer 20 min à couvert. Servez avec le yaourt et le persil. C'est aussi simple de ça !

Palette de porc rôtie au vin blanc, à l'orange et à l'origan

J'AI CONÇU CETTE RECETTE IL Y A VINGT ANS CONSTATANT QUE L'ALLIANCE DU JUS D'ORANGE ET DE L'ORIGAN S'ACCORDE DÉLICIEUSEMENT AU PORC. JE RÉVÈLE ICI COMMENT OBTENIR UNE PALETTE TENDRE À LA COUENNE CROUSTILLANTE ET DORÉE. CETTE RECETTE EST TRÈS FACILE À RÉALISER. ACCOMPAGNEZ TOUT SIMPLEMENT VOTRE PLAT DE POUSSES DE BROCOLI, DE POMMES DE TERRE NOUVELLES OU DE POINTES D'ASPERGES CUITES À LA VAPEUR.

Pour 6 personnes   Préparation : 20 min   Cuisson : 1 h 40

1 kg de palette de porc fraîche avec sa couenne, désossée et ficelée
sel et poivre du moulin

SAUCE
1 grand verre de vin blanc sec
½ cube de bouillon de volaille (pour intensifier la saveur de la sauce)
27,5 cl de jus d'orange frais
2 cuil. à café de sucre en poudre
2 cuil. à soupe de feuilles d'origan frais ou 1 cuil. à soupe d'origan séché
1 cuil. à soupe bombée de Maïzena

✱ Préchauffez le four à 190 °C (th. 6-7).

✱ Salez et poivrez la palette. Froissez légèrement une feuille de papier d'aluminium et déposez-la dans un plat à four. Déposez-y la palette, couenne dessus. Enfournez-la pour 1 h 20 environ, jusqu'à ce que la couenne soit dorée.

✱ Retirez la palette du four et portez la température de ce dernier à 220 °C (th.7-8). Supprimez les ficelles de la palette. Prélevez sa couenne, puis coupez-la en 6 morceaux. Réservez-les. Déposez la palette sur une planche à découper, côté inférieur vers le haut. Recouvrez-la de papier d'aluminium et laissez-la reposer 20 min afin de détendre sa viande et de la rendre plus juteuse.

✱ Lors du repos de la palette, déposez les morceaux de couenne réservés sur une plaque de cuisson. Enfournez-les pour 20 min environ jusqu'à ce qu'ils soient croustillants.

✱ Pendant ce temps, retirez l'aluminium du plat à four, puis déglacez-le avec le vin en remuant à la spatule pour dissoudre les sucs de cuisson. Versez le contenu du plat dans une casserole et portez à frémissements. Incorporez le cube émietté, le jus d'orange, le sucre et l'origan. Attendez le retour des frémissements et laissez réduire 5 min.

✱ Délayez la Maïzena dans un bol avec 2 cuil. à soupe d'eau froide en remuant jusqu'à consistance lisse. Versez dans la casserole, remuez 30 s jusqu'à léger épaississement, puis réservez cette sauce à couvert sur feu très doux.

✱ Pour servir, coupez la palette en tranches fines, servez-les nappées de sauce et décorées des morceaux de couenne croustillants.

Palette de porc à la choucroute, au vinaigre de cidre et à la moutarde

UNE DES GRANDES IDÉES DE SIMON EST DE FAIRE PRÉALABLEMENT MARINER LA VIANDE DANS UNE SAUMURE AROMATISÉE, CE QUI LA REND SUCCULENTE ET FAIT VRAIMENT LA DIFFÉRENCE : ELLE PEUT ENSUITE CUIRE DANS UN MINIMUM DE LIQUIDE. LE CUMIN ET L'ESTRAGON, TRÈS PRISÉS EN ALLEMAGNE, PARFUMENT IDÉALEMENT CETTE RECETTE, SI SAVOUREUSE QUE VOUS NE POURREZ PLUS VOUS ARRÊTER DE LA DÉGUSTER !

Pour 4 personnes   Préparation : 25 min   Marinade : 12 h   Cuisson : 2 h environ

1 kg d'échine de porc avec sa couenne, désossée, roulée et ficelée
2 cuil. à soupe d'huile végétale
2 oignons moyens finement émincés
2 gousses d'ail finement émincées
2 cuil. à café de graines de cumin
3 cuil. à soupe de moutarde de Dijon
10 cl de vinaigre de cidre
2 cubes (20 g) de bouillon de porc ou de volaille
400 g de choucroute bien égouttée
sel et poivre du moulin

1 cuil. à soupe de Maïzena délayée dans 3 cuil. à soupe d'eau
2 cuil. à soupe d'estragon finement ciselé

SAUMURE
50 cl d'eau
50 g de gros sel
2 gousses d'ail écrasées
1 cuil. à soupe de graines de cumin
1 branche de thym frais
1 cuil. à café de poivre du moulin
1 cuil. à soupe de cassonade

✻ Préparez la saumure en mélangeant tous ses ingrédients jusqu'à dissolution du sel et de la cassonade. Plongez-y la palette en veillant à ce qu'elle soit totalement recouverte. Laissez-la mariner 12 h, puis égouttez-la et rincez-la bien. Épongez-la soigneusement dans du papier absorbant.

✻ Préchauffez le four à 160 °C (th. 5-6).

✻ Faites chauffer l'huile dans une grande cocotte à feu moyen. Faites-y suer les oignons, l'ail et les graines de cumin 10 min environ en remuant de temps en temps.

✻ Ajoutez la moutarde, le vinaigre, les cubes de bouillon émiettés et la choucroute. Poivrez généreusement, portez à frémissements en remuant et rectifiez l'assaisonnement en sel.

✻ Déposez la palette sur le contenu de la cocotte en l'y enfonçant légèrement. Couvrez, laissez mijoter 5 min, puis enfournez la cocotte pour 1 h 30.

✻ Retirez la cocotte du four et découvrez-la. À l'aide de deux fourchettes, transférez la palette sur une planche à découper : sa chair doit être très tendre sans se défaire. Retirez les ficelles qui la lie, puis incisez sa couenne en plusieurs endroits. Enveloppez-la hermétiquement dans du papier d'aluminium. Déposez-la sur une plaque de cuisson tapissée de papier d'aluminium, couenne vers le bas. Glissez-la au four. Augmentez la température de ce dernier à 220 °C (th. 7-8). Laissez cuire de 15 à 20 min, jusqu'à ce que la couenne soit légèrement croustillante.

✻ Pendant ce temps, égouttez la choucroute en recueillant le liquide de cuisson dans une casserole. Portez-le à frémissements. Ajoutez la Maïzena délayée, laissez épaissir 1 min en remuant, puis incorporez l'estragon.

✻ Servez la palette coupée en tranches épaisses avec la choucroute et le bouillon à l'estragon.

Mon curry vindaloo parfumé

BEAUCOUP PENSENT QUE LE CURRY VINDALOO EST EXCESSIVEMENT PIMENTÉ. IL DEVRAIT POURTANT N'ÊTRE QUE RICHEMENT PARFUMÉ ET AGRÉABLEMENT PIQUANT. CELA NÉCESSITE UN ÉQUILIBRE COMPLEXE ENTRE LES ARÔMES DES NOMBREUSES ÉPICES, COMME LA LONGUE LISTE DES INGRÉDIENTS LE MONTRE CI-DESSOUS. MAIS NE VOUS LAISSEZ PAS INTIMIDER : LE SECRET EST SIMPLEMENT DE PRÉPARER SOIGNEUSEMENT LE MÉLANGE D'ÉPICES AFIN D'OBTENIR UNE SAVEUR HARMONIEUSEMENT RELEVÉE.

Pour 4 à 6 personnes   Préparation : 1 h (macération et trempage inclus)   Cuisson 2 h

750 g d'épaule de porc non dégraissée coupée en gros cubes
4 cuil. à soupe de sucre en poudre
2 cuil. à soupe de sel

SAUCE

4 grands piments rouges séchés
2 cuil. à soupe de cumin en poudre
2 cuil. à soupe de coriandre en poudre
2 cuil. à café de graines de coriandre grossièrement concassées
5 cuil. à café de garam masala
2 cuil. à café de fenugrec
6 cuil. à soupe d'huile végétale
6 gousses d'ail écrasées
2 cuil. à soupe de gingembre frais finement haché
3 oignons coupés en rondelles fines
8 tomates mûres coupées en dés
2 cuil. à soupe de concentré de tomate
2 cuil. à soupe de paprika fumé
20 feuilles de curry
30 cl de jus de tomate
2 cuil. à soupe de vinaigre de cidre
1 ou 2 pincées de sucre en poudre (selon votre goût)
sel et poivre du moulin

✱ Mélangez les cubes d'épaule dans un saladier avec le sucre et le sel. Couvrez et laissez macérer 1 h au frais en remuant de temps en temps.

✱ Pendant ce temps, faites tremper les piments 30 min dans 10 cl d'eau chaude. Égouttez-les en réservant leur eau de trempage, puis pilez-les dans un mortier pour les réduire en pâte.

✱ Faites griller le cumin et les deux types de coriandre à sec dans une poêle antiadhésive en remuant 1 min environ sur feu doux à moyen, sans les laisser brûler. Hors du feu, incorporez le garam masala et le fenugrec. Laissez refroidir.

✱ Rincez soigneusement les cubes de viande dans une passoire pour éliminer le sucre et le sel. Laissez-les bien s'égoutter, puis épongez-les dans du papier absorbant.

✱ Faites chauffer la moitié de l'huile dans une cocotte à feu moyen. Faites-y revenir l'ail, le gingembre et les oignons jusqu'à légère coloration dorée.

✱ Préchauffez le four à 180 °C (th. 6).

✱ Ajoutez les tomates, le concentré de tomate, le paprika, les feuilles de curry, le jus de tomate, le vinaigre, le sucre, du sel et du poivre. Mélangez, bien, puis incorporez la pâte de piments, l'eau de trempage réservée et les épices contenues dans la poêle. Laissez épaissir de 8 à 10 min en remuant de temps en temps.

✱ Faites chauffer le reste d'huile dans une sauteuse à feu moyen. Faites-y rapidement dorer les cubes de porc de tous côtés, puis incorporez-les au contenu de la cocotte et portez à frémissements. Couvrez et enfournez pour 1 h 30. À cet instant, la viande sera succulente, très tendre mais pas trop cuite. Rectifiez l'assaisonnement et servez avec du riz nature.

Salade de grattons croustillants au sirop d'érable et au citron

RELATIVEMENT RICHES EN GRAISSE, LES GRATTONS CUISENT AU FOUR POUR DEVENIR DÉLICIEUSEMENT CROUSTILLANTS. ILS S'ASSOCIENT ALORS AUX ÉPICES ET AUX CRUDITÉS DANS CETTE SALADE EXOTIQUE SUCRÉE-SALÉE PARTICULIÈREMENT GOÛTEUSE.

Pour 4 personnes   Préparation : 20 min   Cuisson : 20 à 25 min

500 g d'épaule de porc dégraissée hachée
1 cuil. à café de sel
1 cuil. à soupe de mélange cinq-épices chinois
½ cuil. à soupe de cumin en poudre
2 cuil. à soupe d'huile végétale
sel et poivre du moulin

GRATTONS
200 g de grattons de porc (à défaut, utilisez des lardons)
4 cuil. à soupe de sirop d'érable

SAUCE
4 cuil. à soupe de miel liquide
le zeste finement râpé et le jus de 2 gros citrons non traités
3 cuil. à soupe d'huile d'olive
2 cuil. à soupe de sauce soja foncée
2 cuil. à soupe de nam pla (sauce de poisson thaïlandaise appelée nuoc-mâm au Vietnam)
1 cuil. à soupe de sucre en poudre

SALADE
1 laitue (romaine ou iceberg) très finement ciselée
1 petite botte de radis nettoyés coupés en rondelles fines
1 petite poignée de feuilles de cresson

✻ Commencez par préparer les grattons. Préchauffez le four à 200 °C (th. 6-7).

✻ Déposez les grattons dans un plat allant au four. Arrosez-les du sirop d'érable et mélangez bien. Enfournez-les pour 10 min environ en remuant de temps en temps jusqu'à ce qu'ils aient absorbé tout le sirop d'érable et en veillant à ne pas les laisser brûler.

✻ Retirez le plat du four et laissez refroidir. Une fois refroidis, les grattons se seront amalgamés : brisez-les à l'aide d'un maillet culinaire pour les séparer.

✻ Pendant ce temps, mélangez le porc haché dans un saladier avec le sel, le cinq-épices et le cumin. Mélangez bien.

✻ Faites chauffer l'huile dans une grande poêle antiadhésive à feu moyen. Faites-y revenir le contenu du saladier en remuant à la spatule pour bien dissocier la viande hachée. Ne vous inquiétez pas si vous constatez un début d'ébullition : ce phénomène est tout à fait normal, surtout si la viande à été conservée sous vide. Poursuivez la cuisson en remuant sans cesse jusqu'à ce que le liquide de cuisson se soit complètement évaporé.

✻ Après 5 min de cuisson supplémentaire, la viande doit être uniformément dorée. Égouttez-la pour éliminer la graisse de cuisson. Poudrez-la légèrement de sel et de poivre. Réservez-la.

✻ Préparez la sauce en fouettant tous ses ingrédients dans un saladier avec un peu de sel et de poivre afin de bien les émulsionner.

✻ Mettez la laitue, les radis et le cresson dans le saladier, mélangez-les bien avec la sauce, puis ajoutez la viande réservée encore chaude et mélangez à nouveau délicatement.

✻ Répartissez aussitôt dans 4 assiettes de service. Parsemez de grattons croustillants et servez sans attendre.

Succulent porc caramélisé aux prunes et aux oignons

J'AI DÉJÀ PUBLIÉ CETTE RECETTE DANS MES LIVRES PRÉCÉDENTS MAIS ELLE EST SI BONNE QUE JE VOUS LA LIVRE À NOUVEAU. ET JE PRÉCISE QU'IL FAUT BIEN AJOUTER LE PORC AU CARAMEL FRÉMISSANT ! LES PRUNES BRITANNIQUES VICTORIA PEUVENT ÊTRE REMPLACÉES PAR DES QUETSCHES OU, POUR VARIER LES PLAISIRS, DES POMMES, DES POIRES OU DES MANGUES, VOIRE DES KIWIS.

Pour 4 à 6 personnes   Préparation : 15 min   Cuisson : 2 h 15

80 g de sucre en poudre
1,2 kg d'épaule de porc, découennée et dégraissée (réservez la graisse retirée), coupée en cubes de 6 cm de côté
sel et poivre noir du moulin
2 oignons grossièrement émincés
3 cuil. à soupe de sauce Worcestershire
3 cuil. à soupe de sauce de soja foncée
4 cuil. à soupe de jus de citron
2 cubes (20 g) de bouillon de volaille
12 prunes britanniques mûres (victoria) coupées en deux et dénoyautées
200 g de boudin noir coupé en rondelles
1 cuil. à soupe de Maïzena
225 g de petits pois surgelés cuits

✱ Préchauffez le four à 180 °C (th. 6).

✱ Faites chauffer le sucre dans une cocotte allant au four sur feu moyen.

✱ Pendant ce temps, épongez les cubes de porc dans du papier absorbant. Salez et poivrez-les.

✱ Remuez le sucre contenu dans la cocotte avec une cuillère en bois jusqu'à l'obtention d'un caramel blond tout juste frémissant. S'il commence à trop foncer, incorporez 1 filet d'eau qui ralentira le processus de brunissement. Ajoutez les cubes de porc, mélangez bien, puis laissez cuire de 2 à 3 min.

✱ Ajoutez les oignons, les deux sauces, le jus de citron et les cubes de bouillon émiettés. Mélangez bien à nouveau. Incorporez les prunes et le boudin, puis rectifiez l'assaisonnement en sel.

✱ Dès le retour des frémissements, couvrez et enfournez pour 2 h environ, jusqu'à ce que les cubes de viande soient très tendres. Délayez la Maïzena dans un bol avec 2 cuil. à soupe d'eau.

✱ Retirez la cocotte du four et placez-la sur feu moyen. Incorporez les petits pois, attendez le retour des frémissements, puis ajoutez la Maïzena délayée et laissez épaissir de 30 s à 1 min en remuant. Servez aussitôt avec des pommes de terre vapeur légèrement écrasées à la fourchette.

SOUS VIDE

Innovante, la cuisson sous vide est une méthode où viandes et légumes mijotent longuement à basse température. Elle permet d'obtenir une cuisson homogène du centre comme de l'extérieur des ingrédients. C'est particulièrement vrai pour la viande qui reste exceptionnellement tendre et juteuse. Devenue populaire lors de ces dernières années, la cuisson sous vide est fantastique, notamment pour le porc. J'ai été initié à cette méthode en Belgique, il y a douze ans, lors d'une visite chez l'un de mes fournisseurs. C'était absolument fascinant et j'ai par la suite commencé à utiliser certaines de ces techniques dans ma propre entreprise.

Qu'y a-t-il de plus agréable en été, lorsque le temps le permet, que de déguster des travers de porc laqués de marinade épicée, puis grillés au barbecue ? Pourtant, si vous vous contentiez de faire griller rapidement les travers frais, vous seriez déçus tant ils peuvent se racornir. Les précuire sous vide leur conférera une tendreté que vous n'auriez même pas imaginée. L'idéal est de posséder un appareil de cuisson sous vide à bain d'eau ou à vapeur mais, à défaut, nous vous indiquons comment les cuire au four dans les meilleures conditions. – Simon

Travers de porc Saint-Louis

J'AI DÉCOUVERT CETTE RECETTE PENDANT MES VACANCES À SAINTE-LUCIE, DANS UN MODESTE RESTAURANT POPULAIRE SPÉCIALISÉ DANS LES TRAVERS DE PORC : ELLE EST ÉTONNANTE ET JE N'EN SUIS TOUJOURS PAS REVENU ! LA CUISSON SOUS VIDE EST LA PLUS PROCHE DE CELLES QUE J'UTILISE POUR OBTENIR UNE TEXTURE QUI FOND DANS LA BOUCHE.

Pour 4 à 5 personnes   Préparation et cuisson : 8 à 10 h

1 travers de porc
   (découpé rectangulairement à la base des côtes afin que ces dernières aient la même épaisseur et la même longueur)

✱ Une petite peau très fine recouvre le côté inférieur des travers de porc. Elle doit être retirée avant la cuisson pour éviter aux travers de se racornir. Pour ce faire, décollez-la suffisamment de la pointe d'un couteau en grattant le haut de la dernière côte, puis saisissez la partie décollée avec un linge et tirez délicatement jusqu'à l'éliminer totalement. Poursuivez la recette selon la méthode choisie.

MÉTHODE TRADITIONNELLE

✱ Placez le travers de porc dans un sachet conçu pour la cuisson sous vide, fermez-le hermétiquement, puis faites-y le vide avec l'ustensile spécifique conçu à cet effet. Faite cuire de 8 à 10 h à 72 °C dans un appareil de cuisson sous vide à bain d'eau ou à vapeur

✱ Après la cuisson, refroidissez très rapidement le sachet dans de l'eau glacée, puis réservez-le au réfrigérateur jusqu'au moment de le cuire sur un gril ou au barbecue (voir page 34).

MÉTHODE REVISITÉE

✱ Enveloppez hermétiquement le travers de porc dans du film alimentaire spécial cuisson. Placez-le sur une plaque de cuisson creuse contenant 1 cm d'eau. Entourez la plaque de cuisson et le travers de porc avec du papier d'aluminium sans serrer de manière à former une sorte de tente.

✱ Réglez le four à 80 °C (th. 2-3) et enfournez pour 8 à 10 h.

Travers de porc à la chinoise

Travers de porc à la chinoise

CE PLAT EST INCONTOURNABLE CHEZ NOUS TANT J'AIME LES TRAVERS DE PORC AUX ÉPICES. C'EST ENCORE UNE FOIS UNE RECETTE TRÈS FACILE À RÉALISER. VEILLEZ TOUTEFOIS À CE QUE LE TRAVERS SOIT PARFAITEMENT BIEN ENROBÉ DE LA MARINADE. J'UTILISE UN TRAVERS DÉCOUPÉ DU CÔTÉ DU FILET AFIN QUE LES CÔTES SOIENT RICHES EN VIANDE.

Pour 4 personnes   Préparation : 10 min   Marinade : 2 h ou toute la nuit   Cuisson : 1 à 2 h à l'eau, puis 45 min à 1 h au four
Repos : 10 à 15 min

1 kg de travers de porc riches en viande
1 cube de bouillon de bœuf (10 g)

MARINADE
6 cuil. à soupe de ketchup
4 cuil. à soupe de sauce hoisin
4 cuil. à soupe de sauce soja
2 cuil. à soupe de miel liquide
2 cuil. à soupe de vin de riz chinois ou de xérès sec
1 cuil. à soupe de sauce chili chinoise aigre douce
1 cuil. à café d'huile de sésame
2 gousses d'ail écrasées
1½ cuil. à soupe de gingembre frais râpé
¼ de cuil. à café de cinq-épices en poudre

✱ Une petite peau très fine recouvre le côté inférieur des travers de porc. Elle doit être retirée avant la cuisson pour éviter aux travers de se racornir. Pour ce faire, décollez-la suffisamment en grattant le haut de la dernière côte de la pointe d'un couteau, puis saisissez la partie décollée avec un linge et tirez délicatement jusqu'à l'éliminer totalement.

✱ Mettez les travers dans une grande casserole, couvrez-les largement d'eau froide et ajoutez le cube de bouillon émietté. Portez à ébullition, couvrez, baissez le feu et laissez frémir sur feu doux à moyen de 1 à 2 h jusqu'à ce que la viande commence à se détacher des os.

✱ Retirez du feu et laissez refroidir les travers dans le bouillon. Égouttez-les, épongez-les soigneusement dans un linge, puis déposez-les dans un sac en plastique alimentaire.

✱ Mélangez intimement tous les ingrédients de la marinade dans un saladier, puis versez-en la moitié dans le sac contenant les travers. Fermez-le hermétiquement, puis secouez-le énergiquement et enrobez les travers de la marinade. Réservez-les pour au moins 2 h, ou de préférence toute la nuit, au réfrigérateur.

✱ Préchauffez le four à 190 °C (th. 6-7).

✱ Tapissez une plaque creuse de papier d'aluminium. Déposez-y les travers, côtes vers le bas, puis nappez-les du reste de la marinade. Couvrez la plaque de cuisson et les travers de porc avec du papier d'aluminium de manière à former une sorte de tente. Enfournez pour 45 min à 1 h en arrosant les travers de temps en temps avec le reste de la marinade, jusqu'à ce qu'ils soient bien glacés, et en les découvrant 15 min avant la fin de la cuisson.

✱ Retirez la plaque du four et laissez reposer les travers de 10 à 15 min avant de les servir.

Travers de porcelet teriyaki

CES TRAVERS SONT SI DÉLICIEUX QU'ILS SE DEVAIENT DE FIGURER DANS CET OUVRAGE. PROCÉDEZ COMME DANS LA RECETTE PRÉCÉDENTE (TRAVERS DE PORC À LA CHINOISE) EN VEILLANT NE PAS PROLONGER LE TEMPS DE CUISSON À L'EAU AFIN QUE LA VIANDE NE SE SÉPARE PAS COMPLÈTEMENT DES CÔTES. EN ÉTÉ, VOUS TERMINEREZ LEUR CUISSON AU BARBECUE.

Pour 4 personnes   Préparation : 10 min   Marinade : 2 h ou toute la nuit
Cuisson : 1 h 30 environ à l'eau, puis 45 min à 1 h au four   Repos : 10 à 15 min

1 kg de travers de porcelet
1 cube de bouillon de bœuf (10 g)

MARINADE
1 cuil. à soupe de moutarde forte
½ cuil. à café de paprika fumé
6 cuil. à soupe de ketchup
4 cuil. à soupe de jus de citron frais
4 cuil. à soupe de sauce teriyaki
4 cuil. à soupe de sucre muscovado foncé (ou de cassonade brune)
1 cuil. à café de sauce Worcestershire

Travers de porc à l'indienne

LE PORC EST PEU CONSOMMÉ EN INDE, SAUF À GOA EN RAISON DE SON HÉRITAGE COLONIAL PORTUGAIS. LE MÉLANGE D'ÉPICES, ADOUCI PAR LE CHUTNEY DE MANGUE, REND CES TRAVERS DE PORC PARTICULIÈREMENT SAVOUREUX. PROCÉDEZ COMME DANS LA RECETTE DES TRAVERS DE PORC À LA CHINOISE (PAGE 34)

Pour 4 personnes   Préparation : 10 min   Marinade : 2 h ou toute la nuit
Cuisson : 1 h 30 environ à l'eau, puis 45 min à 1 h au four   Repos : 10 à 15 min

1 kg de travers de porcelet
1 cube de bouillon de bœuf (10 g)

MARINADE
6 cuil. à soupe d'huile végétale
6 cuil. à soupe de vinaigre de vin
6 cuil. à soupe de ketchup
1 cuil. à soupe de chutney de mangue
1½ cuil. à soupe de gingembre frais râpé
1 cuil. à soupe d'ail écrasé
1 cuil. à soupe de coriandre en poudre
3 cuil. à café de cumin en poudre
1 cuil. à café de piment en poudre

Effilochée de porc à l'américaine

VOUS SOUHAITEZ PRÉPARER DES SANDWICHS À L'EFFILOCHÉE DE PORC ?
ALORS OUBLIEZ LE RÔTI : LA CUISSON À LA VAPEUR EST INDISCUTABLEMENT LA MEILLEURE !

Pour 10 à 12 personnes   Préparation : 10 min   Cuisson : 12 à 14 h

2 à 2,5 kg de palette ou d'échine de porc

MÉLANGE D'ÉPICES
2 cuil. à soupe de sel
2 cuil. à soupe de sucre en poudre
2 cuil. à soupe de cassonade
2 cuil. à soupe de cumin en poudre
2 cuil. à soupe de poivre du moulin
1 cuil. à soupe de piment de Cayenne en poudre
4 cuil. à soupe de paprika

MÉTHODE TRADITIONNELLE

✱ Couvrez la viande avec le mélange d'épices, puis placez-la dans un sachet conçu pour la cuisson sous vide et fermez-le hermétiquement. Faites-y le vide avec l'ustensile spécifique conçu à cet effet. Faite cuire 12 h à 80 °C dans un appareil de cuisson sous vide à bain d'eau ou à vapeur

✱ Après la cuisson, retirez la viande du sachet, puis effilochez-la. Assaisonnez-la de la marinade de la page 35 et régalez-vous.

MÉTHODE REVISITÉE

✱ Une fois la viande couverte du mélange d'épices, enveloppez-la hermétiquement dans du film alimentaire spécial cuisson. Placez-le sur une plaque de cuisson creuse contenant 1 cm d'eau. Entourez la plaque de cuisson et le travers de porc avec du papier d'aluminium sans serrer de manière à former une sorte de tente.

✱ Réglez le four à 80 °C (th. 2-3) et enfournez pour 14 h.

CHAPITRE 2 # Poitrine, longe et filet

Comme pour tout quadrupède, les parties arrière et centrale du porc comportent ce que les chefs et bouchers nomment « coupes premières ». Les morceaux de longe, dont le filet, seront préparés en entier et l'extrémité des travers découpés en côtes en incluant, avec un peu de chance, une mince couche de graisse, voire une partie du rognon (ce que je préfère). La poitrine, élément de base pour toute bonne cuisine, peut être cuite ou conservée de différentes façons pour produire des mets variés, de la pancetta aux rillons, voire cuite dans sa propre graisse comme pour les grattons. Le filet, considéré comme de premier choix, est généralement rôti entier ou débité en escalopes, puis frit ou sauté. Il demande cependant une attention particulière, car il peut se dessécher très rapidement. Loin de l'idée reçue que le porc est une viande grasse, souvenez-vous que le porc maigre contient moins de matières grasses que le fromage blanc.

Poitrine, longe ou filet peuvent également entrer dans la catégorie infiniment variée des produits de conservation salés ou fumés comme le bacon qui en est sans doute le plus populaire. Et toutes les permutations restent possibles entre la longe, les côtes ou la poitrine. Les recettes qui suivent correspondent à quelques-unes des préférées de Simon alors que, pour ce qui me concerne, que ce soit pour un petit-déjeuner à l'anglaise, en sandwich ou avec des œufs fermiers, j'opte pour du bacon nature non fumé chaque jour de la semaine. D'autres préparations utilisent la longe, comme le lomo (voir page 81), spécialité espagnole salée, fumée et séchée en plein air. Il est délicieux tranché et servi à température ambiante accompagné d'un verre de vin blanc rafraîchi. La saveur de sa viande fumée est agréablement adoucie par celle de sa graisse originelle. Le lardo et le speck sont des spécialités italiennes, connues dans le monde entier, réalisées en prélevant la partie supérieure de la longe, puis en la fumant après l'avoir recouverte de sel, de poivre et éventuellement d'herbes aromatiques.

Autrefois, j'ai séjourné en Italie, travaillant ici ou là en usine. À la fin de notre journée de travail et en rentrant à l'hôtel, nous nous arrêtions pour prendre un verre. Le patron nous offrait toujours un assortiment de charcuteries et de fromages à déguster. Ce pouvait être du jambon de Parme léger et fumé ou une petite sélection de salamis, mais mon préféré était le lardon, tranche de porc fumé de 4 cm d'épaisseur assaisonnée de poivre concassé. Je m'en remémore encore le goût, la texture et l'arôme.

Les recettes de salaison qui suivent sont très simples à réaliser et je vous encourage à les essayer – Phil

Terrine de porc aux raisins

TOUTE SIMPLE, CETTE TERRINE EST VRAIMENT TRÈS FACILE À RÉALISER. VOYAGEANT EN FRANCE, JE DÉGUSTE SOUVENT UNE TERRINE OU UN PÂTÉ LORS D'UN DÉJEUNER LÉGER OU POUR UNE PETITE COLLATION. QUELLE QUE SOIT LA RÉGION VISITÉE, J'EN DÉCOUVRE DE DÉLICIEUX, TOUS CARACTÉRISÉS PAR LEURS PARTICULARITÉS RÉGIONALES. J'AI ENRICHI LA SAVEUR DE MA RECETTE EN Y INCORPORANT UN PEU DE CONSOMMÉ DE VIANDE ET D'ALCOOL. SI LE COGNAC OU LE XÉRÈS SONT GÉNÉRALEMENT LES PLUS UTILISÉS, J'AI POUR MA PART OPTÉ POUR DU MADÈRE. SI LE RÉCIPIENT DE CUISSON IDÉAL RESTE UNE TERRINE CLASSIQUE (10 CM DE LARGE, 26 CM DE LONG ET 8 CM DE PROFONDEUR) MUNIE DE SON COUVERCLE, UN MOULE À CAKE DE MÊMES DIMENSIONS FERA L'AFFAIRE.

Pour 1 terrine   Préparation : 30 min   Cuisson : 1 h 20 à 1 h 30   Repos : 12 h

4 échalotes finement émincées
3 gousses d'ail écrasées
10 cl de madère
2 cuil. à soupe de feuilles de thym frais grossièrement ciselées
20 cl de consommé de porc ou de volaille (bouillon très parfumé et bien réduit)
12 fines tranches de poitrine de porc découennées
750 g de poitrine de porc découennée hachée
100 g de poitrine de porc fumée découennée coupée en dés
150 g de lard gras coupé en dés
50 g de raisins secs réhydratés 20 min dans de l'eau bouillante, puis égouttés
sel et poivre du moulin
huile végétale

✳ Mélangez les échalotes, l'ail, le madère, le thym et le consommé dans une casserole. Portez à frémissements à feu moyen et laissez réduire de 10 à 15 min jusqu'à l'obtention d'une sauce épaisse. Retirez du feu et laissez refroidir.

✳ Préchauffez le four à 150 °C (th. 5). Tapissez la terrine avec les tranches de poitrine en les chevauchant légèrement et les laissant largement déborder.

✳ Mélangez intimement la poitrine hachée avec les dés de poitrine fumée et de lard gras, les raisins égouttés, le consommé, un peu de sel (sans excès : la poitrine fumée et le consommé sont déjà salés) et du poivre.

✳ Transférez le mélange dans la terrine en le tassant bien. Recouvrez des débords de tranches de poitrine. Déposez une feuille de papier d'aluminium sur le plan de travail. Pliez-la en deux, puis huilez-la au pinceau. Déposez-la sur le contenu de la terrine, côté huilé dessous en appuyant fermement. Placez son couvercle sur la terrine.

✳ Déposez-la dans un plat creux et versez de l'eau bouillante dans ce dernier jusqu'aux deux tiers de le terrine. Enfournez pour 1 h 20 à 1 h 30 en vérifiant la cuisson de la pointe d'un couteau : le jus qui perle doit être très clair.

✳ Retirez la terrine du four et de l'eau. Enlevez son couvercle. Enveloppez un morceau de carton de la taille de la terrine avec du film alimentaire. Déposez-le sur le papier d'aluminium.

✳ Laissez refroidir 30 min, puis lestez avec 2 boîtes de conserve non ouvertes : la terrine sera plus facile à découper lors du service. Réservez-la au réfrigérateur pour 12 h.

✳ Juste avant de servir la terrine, retirez le lest, le carton et l'aluminium, plongez-la dans de l'eau chaude et laissez-la reposer 5 min : elle se démoulera plus facilement.

✳ Démoulez la terrine en la retournant, puis coupez-la en tranches. Servez-les avec des tartines de pain grillé légèrement beurrées et de la moutarde à l'ancienne.

Côtes de porc et coleslaw

J'APPRÉCIE PARTICULIÈREMENT CETTE RECETTE TANT LES CÔTES DE PORC SAUMURÉES SONT TENDRES ET JUTEUSES ! IL VOUS SUFFIRA DE 20 À 30 MINUTES POUR MODIFIER COMPLÈTEMENT LA TEXTURE DE LA VIANDE EN INTENSIFIANT SA SAVEUR. EN HIVER, LA SALADE DE CHOUX TIÈDE EST FORT APPRÉCIÉE, SURTOUT APRÈS AVOIR MARINÉ DANS SA VINAIGRETTE : LES LÉGUMES Y GAGNENT EN TENDRETÉ TOUT EN RESTANT AGRÉABLEMENT CROQUANTS.

Pour 4 portions   Préparation : 40 min (y compris saumurage et marinade)   Cuisson : 10 min environ

4 côtes de porc désossées de 2 cm d'épaisseur
2 cuil. à soupe d'huile d'olive

SAUMURE
30 g de sucre en poudre
15 g de sel

COLESLAW
¼ de chou blanc finement émincé
¼ de chou rouge finement émincé
1 grosse carotte pelée et coupée en rondelles fines
4 cébettes finement émincées dans la diagonale
1 petit bouquet de coriandre fraîche grossièrement ciselée

VINAIGRETTE
3 cuil. à soupe de vinaigre de xérès
2 cuil. à café de sucre en poudre
½ cuil. à café de sel
½ cuil. à café de poivre blanc moulu
1 pincée de piment séché émietté
1 gousse d'ail écrasée
3 cuil. à soupe d'huile de noix
2 cuil. à soupe d'huile d'olive

✱ Préparez la saumure en mélangeant le sucre et le sel avec 30 cl d'eau dans une casserole inoxydable. Portez à ébullition à feu moyen en remuant pour dissoudre le sucre et le sel. Retirez du feu, laissez refroidir, puis allongez avec 5 cl d'eau froide.

✱ Pressez les côtes de porc en y passant le dos d'une lame de couteau. Déposez-les dans un plat creux en verre, en céramique ou en acier inoxydable. Arrosez-les de la saumure, retournez-les plusieurs fois pour bien les en imbiber, puis laissez-les saumurer de 20 à 30 min au frais.

✱ Pendant ce temps, mélangez tous les ingrédients de la salade dans un saladier.

✱ Préparez la vinaigrette dans une jatte en mélangeant le vinaigre avec le sucre, le sel, le poivre, le piment et l'ail, puis émulsionnez avec les 2 huiles en fouettant.

✱ Transférez la vinaigrette dans une casserole inoxydable et faites-la chauffer sans atteindre l'ébullition. Versez sur la salade et mélangez bien. Couvrez et laissez mariner le temps de poursuivre la recette dans un endroit chaud.

✱ Faites chauffer l'huile d'olive dans une poêle à feu moyen. Égouttez les côtes de porc, puis épongez-les soigneusement dans du papier absorbant. Faites-les revenir de 3 à 5 min de chaque côté. Servez-les avec la salade tiède et des pommes de terre nouvelles cuites à la vapeur.

CUIRE DANS UN FOUR EXTÉRIEUR

Il n'existe aucune recette imparable pour cuire dans un four extérieur tant cela dépend de sa configuration : à bois, à gaz ou mixte. Aussi, ce qui suit n'est qu'une liste de conseils généraux. Si mon propre matériel est à bois, le gaz est également intéressant car plus modulable.

FOUR À BOIS. Toutes les espèces de bois ne brûlent pas de la même manière, plus ou moins rapidement et surtout en produisant plusieurs niveaux de combustion. Séchés à l'identique, le merisier, le chêne ou le hêtre seront équivalents en durée et en chaleur dégagée. C'est pourquoi, je les privilégie. Les espèces résineuses dispensent une fumée très odorante. Le bois vert fraîchement coupé est difficile à utiliser car contient encore beaucoup de sève. Je ne le choisis que lorsque je souhaite un goût de fumé plus affirmé. En règle générale, le bois doit donc être convenablement séché. Pour cela je le coupe à la fin de l'hiver, en éliminant les parties vertes feuillues, puis je l'entrepose dans un endroit abrité durant le printemps et l'été pour qu'il sèche convenablement. Avec cette année d'avance, je travaille ensuite en permanence sans problème. Une fois tranchées en rondins d'environ 50 cm de long sur 30 à 40 cm de large, mes bûches brûlent aisément en produisant toute la chaleur désirable. J'utilise les plus grosses pour les steaks ou les pizzas qui nécessitent un foyer plus ardent.

ALLUMER LE FEU J'ai recours à du petit bois ou à des journaux, jamais à un allume-feu ou à un liquide inflammable. Puis j'introduis des pièces plus fines et de même longueur afin de garder le feu à bonne température pour la cuisson de grosses pièces de viande ou d'un cochon de lait entier. Lorsque les braises sont rouges, de petits apports de bois suffisent à maintenir le foyer. J'allume mon four environ 45 minutes à l'avance afin d'atteindre un degré de température stable. Mon constructeur, Paul, m'assure que, lorsque la cheminée et les briques sont chaudes, la fumée disparaît peu à peu. Ne vous inquiétez donc pas des émanations d'origine. Elles ne sont qu'une bonne raison supplémentaire pour attendre que le four soit bien chaud.

CUISSON Une fois que le four est à bonne température, il ne nécessite plus qu'un faible apport en bois pour l'entretenir. Placer le feu à l'arrière du four est utile pour les grosses pièces de viande qu'on pourra ainsi déplacer en cours de cuisson légèrement à l'écart des braises. Par contre, pour les pizzas, les steaks ou les côtes, je situe mon feu au milieu de l'âtre puis, la température requise étant atteinte, je repousse les braises vers le fond pour procéder à la cuisson.

ÉQUIPEMENT Je dispose d'une large brosse métallique et d'une paire de tisonniers et de grilles rectangulaires pour recueillir les dépôts de graisse des rôtis. Enfin, le plus indispensable : un thermomètre de cuisson permettant de mesurer aussi bien la température du four que celle de la viande.

Ce sera à peu près tout pour les premiers conseils. Comme pour pêcher à la mouche, il faut une journée pour apprendre le principe, mais tout une vie pour maîtriser la technique !
Il appartiendra à chacun, de définir sa méthode, le seul impératif étant le contrôle de la température du feu.

Cochon de lait

JE CHOISIS MON COCHON DE LAIT PARMI LES PLUS PETITS, ENTRE 8 ET 10 KG, N'INCISE PAS SA COUENNE MAIS LE SALE ET LE POIVRE GÉNÉREUSEMENT À L'INTÉRIEUR COMME À L'EXTÉRIEUR. JE LE DÉPOSE ENSUITE SUR UNE GRANDE PLAQUE CREUSE QUI RECUEILLERA LE JUS QUI S'ÉCOULE. LORS DE LA CUISSON, JE REMUE RÉGULIÈREMENT LA PLAQUE D'AVANT EN ARRIÈRE ET ARROSE LE COCHON AVEC SON JUS À INTERVALLES RÉGULIERS. SURVEILLEZ ATTENTIVEMENT : LA COUENNE DOIT INTENSÉMENT GRILLER ET DEVENIR CROUSTILLANTE SANS POUR AUTANT BRÛLER. COMPTEZ ENTRE 2 H ET 2 H 30 DE CUISSON.

Grillades de porc et salade de crudités pimentée

LA BAVETTE, SITUÉE ENTRE LA PATTE ARRIÈRE ET LA POITRINE DU PORC, EST UN MORCEAU TRÈS TENDRE, JUTEUX ET DÉLICATEMENT PERSILLÉ. C'EST DANS CETTE PARTIE DE L'ANIMAL QUE SONT DÉCOUPÉES LES GRILLADES. ELLES PEUVENT ÊTRE POÊLÉES, COMME DANS CETTE RECETTE, OU GRILLÉES, MAIS IL NE FAUT SURTOUT PAS TROP PROLONGER LEUR CUISSON AU RISQUE DE LES RACORNIR. ELLES SERONT PARFAITES SI VOUS LES LAISSEZ REPOSER À COUVERT APRÈS LES AVOIR CUITES, CE QUI PERMET AU JUS DE BIEN IMPRÉGNER LA VIANDE. JE LES SERS AVEC UNE SALADE DE CONCOMBRE, DE TOMATES ET DE POUSSES D'ÉPINARDS CROQUANTE ET RELEVÉE.

Pour 4 portions   Préparation : 20 min   Cuisson : 6 à 8 min

15 cl de vinaigre de riz
sel et poivre du moulin
1 pincée de sucre en poudre
6 cuil. à soupe d'huile d'olive
1 gros concombre coupé en dés
4 tomates bien mûres coupées en dés
4 cébettes finement émincées
4 grillades de porc de 125 à 150 g chacune
25 g de beurre
75 g de pousses d'épinards

✻ Portez le vinaigre à frémissements dans une casserole inoxydable. Laissez-le réduire de 3 à 4 min, puis retirez-le du feu et laissez-le refroidir.

✻ Mélangez le vinaigre dans un saladier avec du sel, du poivre et le sucre, puis émulsionnez avec 4 cuil. à soupe d'huile. Ajoutez le concombre, les tomates et les cébettes. Mélangez bien et laissez mariner le temps de poursuivre la recette.

✻ Faites chauffer le reste d'huile dans une grande poêle à feu moyen. Salez et poivrez les grillades, puis déposez-les dans l'huile chaude et faites-les cuire de 3 à 4 min. Retournez-les, ajoutez le beurre et poursuivez la cuisson de 2 à 3 min de l'autre côté en les arrosant souvent du jus de cuisson.

✻ Transférez les grillades sur un plat. Couvrez-les de papier d'aluminium et laissez-les reposer de 6 à 7 min au chaud.

✻ Juste avant de servir, mélangez les pousses d'épinards au contenu du saladier.

✻ Répartissez la salade et les grillades sur 4 assiettes de service et servez. C'est aussi simple de cela ! Pour une présentation plus raffinée : découpez les grillades dans la largeur en 5 ou 6 tranches fines chacune et déposez-les sur la salade.

Porchetta

TRADITIONNELLEMENT, LA PORCHETTA EST UN COCHON DE LAIT DÉSOSSÉ, ASSAISONNÉ AVEC DU SEL, DU POIVRE ET DES ÉPICES, PUIS RÔTI DANS UN FOUR À FEU DE BOIS. JE VOUS LIVRE MA VERSION, QUI UTILISE UNIQUEMENT DE LA LONGE, CUIT DANS UN FOUR TRADITIONNEL.

Pour 1 kg   Préparation : 10 min   Cuisson : 40 min   Repos : 40 min

1 kg de longe de porc désossée

MÉLANGE D'ÉPICES
1 cuil. à soupe de sel de mer
1 cuil. à soupe de graines de fenouil écrasées
1 cuil. à café de poivre noir mignonnette
1 cuil. à café de thym séché
1 cuil. à café de paprika fumé
4 gousses d'ail écrasées

✻ Mélangez tous les ingrédients du mélange d'épices, puis répartissez-les sur la longe en frottant du bout des doigts pour bien les faire adhérer à la viande. Préchauffez le four à 200 °C (th. 6/7).

✻ Roulez la longe de la partie la plus mince vers le plus épaisse en serrant bien, puis ficelez comme pour un rôti. Piquez-la régulièrement de la pointe d'un couteau. Mettez-la dans un plat à four et enfournez-la pour 40 min. Retirez-la du four, couvrez-la de 2 épaisseurs de papier d'aluminium et laissez-la reposer 40 min avant de la servir.

Rillettes

ÉTALÉES SUR DES TARTINES DE PAIN FRAIS, NATURE OU GRILLÉES, LES RILLETTES SONT TRÈS PRISÉES DES AMATEURS DE PRÉPARATIONS GOÛTEUSES, MOELLEUSES, MAIS AUSSI… CALORIQUES !

Pour 1 kg   Préparation : 10 min   Réfrigération : 24 h   Cuisson : de 4 à 5 h

1 kg d'échine de porc détaillée en fines aiguillettes
200 g de lard gras coupé en dés
20 g de sel
3 g de poivre blanc moulu
3 gousses d'ail écrasées
1 cuil. à soupe de thym frais finement ciselé

✻ Mélangez intimement tous les ingrédients dans un saladier. Couvrez de film alimentaire et laissez reposer 12 h au réfrigérateur.

✻ Préchauffez le four à 140 °C (th. 4-5).

✻ Transférez le contenu du saladier dans une terrine. Couvrez et enfournez pour 4 à 5 h, jusqu'à ce que la viande soit fondante.

✻ Retirez du four. Transférez la viande à l'écumoire dans un plat creux. Déchiquetez-la à la fourchette, puis tassez-la dans un bocal préalablement ébouillanté.

✻ Versez la graisse de cuisson restée dans la terrine dans une casserole. Faites-la fondre à feu doux, puis versez-la sur le contenu du bocal. Laissez refroidir, couvrez, et réservez 12 h au réfrigérateur avant de savourer.

Poitrine de porc grillée et sauce aux échalotes et cornichons

LA POITRINE DE PORC EST EN VOGUE : PEU ONÉREUSE ET FACILE À CUISINER ELLE A TOUT POUR VOUS SÉDUIRE. C'EST CERTES UN MORCEAU PLUTÔT GRAS, MAIS ON PALLIE CET INCONVÉNIENT EN LA FAISANT GRILLER JUSQU'À CE QUE SA COUENNE SOIT TRÈS CROUSTILLANTE ET EN L'ACCOMPAGNANT D'UNE SAUCE À BASE DE MAYONNAISE INTENSÉMENT AROMATISÉE.

Pour 4 personnes   Préparation : 25 min + refroidissement   Réfrigération : 12 h   Cuisson : 2 h 20

55 g de sel
6 gousses d'ail écrasées
les feuilles de quelques brins de thym frais
1,5 kg de poitrine de porc désossée avec sa couenne
80 cl d'huile de tournesol

SAUCE
8 cuil. à soupe bombées de mayonnaise
6 gros cornichons finement émincés
½ navet pelé finement émincé
3 grosses échalotes finement émincées
4 cuil. à soupe de persil plat finement ciselé
le jus de ½ citron
½ cuil. à café de poivre noir du moulin

✱ La veille, mélangez le sel avec l'ail et le thym. Frottez la poitrine de porc de tous côtés avec ce mélange, puis déposez-la dans un plat creux. Couvrez de film alimentaire et réservez 12 h au réfrigérateur.

✱ Le jour-même, préchauffez le four à 160 °C (th. 5-6). Retirez le film alimentaire, puis rincez rapidement la poitrine pour éliminer sa garniture aromatique et épongez-la dans du papier absorbant. Déposez-la dans un plat à four au haut bord juste assez grand pour la contenir.

✱ Faites chauffer l'huile dans une casserole à feu moyen sans la laisser bouillir, puis versez-la doucement sur la poitrine : elle doit être totalement recouverte. Couvrez de papier d'aluminium et enfournez pour 2 h. Vérifiez la cuisson de la pointe d'un couteau la viande doit être fondante. Retirez du four et laissez refroidir.

✱ Égouttez la poitrine, puis déposez-la dans un plat, couenne dessous. Couvrez de film alimentaire. Couvrez d'un autre plat en pressant et réservez au réfrigérateur jusqu'à utilisation.

✱ Préparez la sauce en mélangeant intimement tous ses ingrédients dans une jatte. Rectifiez son assaisonnement, puis réservez-la au réfrigérateur jusqu'au moment de servir.

✱ Préchauffez le four à 220 °C (th. 7-8).

✱ Coupez la poitrine en 4 carrés identiques en supprimant les bords déchiquetés. Faites chauffer une poêle antiadhésive (allant au four et à manche amovible) sur feu moyen. Déposez-y la poitrine, couenne dessous, et laissez revenir jusqu'à ce que la couenne commence à crépiter. Retirez le manche de la poêle, puis enfournez-la pour 15 min.

✱ Servez les carrés de poitrine à l'assiette, couenne dessus, avec la sauce et des brocolis vapeur.

Côtes de porc marinées aux fraises et à la moutarde

CETTE TRÈS ANCIENNE RECETTE ANGLAISE PEUT SURPRENDRE TANT SES ALLIANCES DE GOÛTS SONT ÉTONNANTES. POURTANT, JE VOUS LE PROMETS, ELLE EST DÉLICIEUSE ! LA FINE ACIDITÉ DES FRAISES CONTENUES DANS LA MARINADE PERMET DE MODIFIER LA TEXTURE DE LA VIANDE, À LA MANIÈRE DU YAOURT DANS LES METS INDIENS, ACCROISSANT ENCORE SA TENDRETÉ.

Pour 4 personnes   Préparation : 20 min   Marinade : 20 min   Cuisson : 20 à 25 min   Repos : 10 min

4 côtes de porc épaisses
2 cuil. à soupe d'huile d'olive
sel et poivre noir du moulin

MARINADE
250 g de fraises bien mûres
5 cuil. à soupe d'huile d'olive
le jus de 2 gros citrons
2 cuil. à soupe de vinaigre de vin blanc
1 cuil. à soupe de confiture de fraises
2 cuil. à café de moutarde forte
1 petit oignon, finement émincé
2 gousses d'ail écrasées

✻ Préparez la marinade : rincez et égouttez les fraises, puis équeutez-les. Réservez-en 50 g, puis mixez le reste avec tous les autres ingrédients, du sel et du poivre jusqu'à l'obtention d'une purée homogène. Filtrez-la pour éliminer les graines des fraises.

✻ Entaillez la graisse du pourtour des côtes à l'aide d'un couteau pointu (ce qui leur évitera de se rétracter à la cuisson), puis piquez-les régulièrement de la pointe du couteau.

✻ Déposez les côtes dans un plat creux en verre ou en céramique et couvrez-les avec la moitié de la marinade. Retournez-les plusieurs fois pour bien les en enrober. Couvrez et laissez mariner 20 min à température ambiante.

✻ Versez le reste de la marinade dans une casserole. Portez-la à frémissements sur feux doux à moyen. Laissez-la épaissir 10 min en remuant de temps en temps, puis retirez-la du feu et laissez-la refroidir.

✻ Préchauffez le four à 200 °C (th. 6-7). Ôtez les côtes de porc de la marinade, épongez-les dans du papier absorbant, puis salez et poivrez-les.

✻ Faites chauffer l'huile dans une poêle antiadhésive (allant au four et à manche amovible) sur feu moyen. Faites-y revenir les côtes de 4 à 5 min, jusqu'à ce qu'elles soient légèrement dorées sur leur face inférieure.

✻ Retournez les côtes, enlevez le manche de la poêle et enfournez-la pour 6 à 8 min : la viande doit être tout juste tendre à cœur.

✻ Retirez la poêle du four. Couvrez de papier d'aluminium et laissez reposer les côtes 10 min : elles n'en seront que plus tendres.

✻ Pendant ce temps, écrasez les fraises réservées à la fourchette, puis incorporez-les à la marinade réduite refroidie. Servez cette sauce avec les côtes de porc et la salade de quinoa de la page suivante.

Salade de quinoa au riz et aux noix de cajou

CETTE SALADE ACCOMPAGNE À MERVEILLE LES CÔTES DE PORC DE LA PAGE PRÉCÉDENTE, MAIS AUSSI TOUT AUTRE VIANDE GRILLÉE. L'ESSENTIEL EST DE NE PAS TROP CUIRE LE QUINOA POUR PRÉSERVER UN LÉGER CROQUANT.

Pour 4 personnes   Préparation : 10 min   Cuisson : 15 min environ

150 g quinoa
200 g de riz basmati cuit
1 poignée de feuilles de cresson
1 poignée de feuilles de roquette
100 g de noix de cajou grillées au miel grossièrement concassées
   (disponibles en épiceries fines ou au rayon des fruits secs de votre grande surface)

CITRONNETTE
le jus de 2 gros citrons verts
le jus de 1 orange
sel et poivre noir fraîchement moulu
5 cuil. à soupe d'huile d'olive
1 gousse d'ail écrasée
1 gros oignon rouge finement émincé

✱ Mettez le quinoa dans une casserole et couvrez-le largement d'eau froide. Portez à ébullition, puis baissez le feu et laissez frémir 15 min environ : ne prolongez pas inutilement la cuisson au risque de le ramollir. Égouttez-le, puis mélangez-le dans un saladier avec le riz.

✱ Préparez la citronnette : mélangez le jus des agrumes avec du sel et du poivre, émulsionnez avec l'huile en fouettant, puis incorporez l'ail et l'oignon.

✱ Lavez et essorez le cresson et la roquette. Ciselez-les grossièrement, puis ajoutez-les au contenu du saladier avec les noix de cajou et la citronnette. Mélangez bien, rectifiez l'assaisonnement et servez avec les côtes de porc de la page précédente.

Côtes de porc grillées et poires confites au four

TECHNIQUE ANCIENNE, LE SAUMURAGE EST UTILISÉ DEPUIS DES SIÈCLES POUR ATTENDRIR ET PARFUMER LA VIANDE DE PORC. LE SECRET DU SUCCÈS EST UNE SAUMURE LÉGÈRE DANS LAQUELLE VOUS LAISSEREZ REPOSER LES CÔTES 20 MINUTES. OUI, 20 MINUTES SEULEMENT ! COMME ON DIT : VOUS GOÛTEREZ LA DIFFÉRENCE…

Pour 4 personnes   Préparation : 20 min   Cuisson : 2 h

4 côtes de porc de 2 à 2,5 cm d'épaisseur
2 cuil. à soupe d'huile d'olive
sel et poivre noir du moulin

SAUMURE
30 g de sucre en poudre
15 g de sel

POIRES
4 grosses poires Conférence mûres
8 cuil. à soupe de sirop d'érable
8 cuil. à soupe d'huile d'olive

✱ Préchauffez le four à 160 °C (th. 5-6).

✱ Commencez par préparer les poires. Lavez et épongez-les sans les peler. Coupez-les en deux dans la longueur, puis épépinez-les à l'aide d'une petite cuillère. Déposez-les, peau dessous, sur une plaque de cuisson creuse.

✱ Arrosez chaque demi-poire avec 1 cuil. à soupe de sirop d'érable et 1 cuil. à soupe d'huile d'olive. Salez et poivrez-les légèrement. Enfournez-les pour 2 h : elles vont confire en brunissant.

✱ Pendant ce temps, mélangez les ingrédients de la saumure avec 30 cl d'eau dans une casserole inoxydable. Portez à frémissements à feu moyen en mélangeant pour dissoudre le sucre et le sel. Retirez du feu, laissez refroidir, puis allongez avec 5 cl d'eau froide.

✱ Versez la moitié de la saumure dans un plat creux en verre. Déposez-y les côtes sur une seule couche, puis couvrez-les du reste de la saumure. Couvrez de film alimentaire et laissez reposer 20 min à température ambiante.

✱ Égouttez les côtes, puis épongez-les dans du papier absorbant et poivrez-les légèrement. Faites chauffer l'huile dans une grande poêle à feu moyen. Faites-y cuire les côtes de 4 à 5 min de chaque côté jusqu'à ce qu'elles soient tendres à cœur.

✱ Servez-les à l'assiette avec les poires confites et des haricots verts vapeur.

Poitrine de porc rôtie aux pommes et au céleri

POURQUOI LE PORC ET LES POMMES FONT-ILS GUSTATIVEMENT SI BON MÉNAGE ? PROBABLEMENT PARCE QUE, DEPUIS DES SIÈCLES, LES PORCS ÉLEVÉS EN LIBERTÉ DANS LES VERGERS SE RÉGALENT DES POMMES SAUVAGES TOMBÉES À TERRE. LA POITRINE DE PORC MAIGRE EST IDÉALE POUR CETTE RECETTE OÙ ELLE BRAISE LENTEMENT DANS UNE PETITE QUANTITÉ DE CIDRE ET DE BOUILLON. VOUS SEREZ ÉBLOUI PAR LA SAVEUR INTENSE DE LA GARNITURE AROMATIQUE DÉLICIEUSEMENT COMPOTÉE QUI L'ACCOMPAGNE.

Pour 4 personnes   Préparation : 30 min   Cuisson : 2 h environ

sel et poivre noir du moulin
650 g de poitrine de porc maigre désossée et découennée
2 cuil. à soupe d'huile végétale
100 g de chorizo coupé en petits tronçons
4 grandes tiges de céleri branche finement émincées
2 gros oignons très finement émincés
1 grosse pomme anglaise Bramley (à défaut, 1 pomme à cuire acidulée) pelée, épépinée et finement émincée
6 gousses d'ail finement émincées
quelques feuilles de sauge fraîche
1 petit verre de cidre sec
1 petit verre de bouillon de porc ou de volaille bien aromatisé

✱ Préchauffez le four à 180 °C (th. 6).

✱ Salez et poivrez la poitrine de porc. Faites chauffer l'huile dans une cocotte à feu moyen. Faites-y suer le chorizo 5 min en remuant souvent.

✱ Mettez la poitrine dans la cocotte. Faites-la intensément dorer de tous côtés, puis transférez-la à l'écumoire sur un plat creux.

✱ Ajoutez le céleri, les oignons, la pomme, l'ail et la sauge au contenu de la cocotte. Mélangez bien, puis déposez la poitrine sur cette garniture aromatique. Mouillez du cidre et du bouillon. Portez à frémissements et couvrez.

✱ Enfournez la cocotte couverte pour 1 h 30 à 1 h 45 min : la poitrine doit être bien cuite sans se défaire.

✱ Ôtez la poitrine de la cocotte. Coupez-la en tranches, puis servez-la à l'assiette avec la garniture aromatique et le jus de cuisson. Servez aussitôt en accompagnant éventuellement de purée de pommes de terre.

Rôti de porc en couenne croustillante et compote de pommes

DEUX ASTUCES POUR RÉUSSIR CETTE RECETTE À TOUS LES COUPS : BIEN FENDRE LA COUENNE DU RÔTI POUR PERMETTE À LA GRAISSE DE PÉNÉTRER LA CHAIR, PUIS LE LAISSER REPOSER APRÈS CUISSON POUR LUI CONFÉRER UNE TENDRETÉ OPTIMALE.

Pour 6 à 8 personnes   Préparation : 15 min   Cuisson : 1 h 15 à 1 h 45

1,5 kg de longe de porc désossée ficelée, sa couenne régulièrement fendue au couteau
sel et poivre noir du moulin
1 cuil. à soupe de farine
30 cl de bouillon de porc ou de volaille

COMPOTE DE POMMES
½ cuil. à café de poivre de la Jamaïque
3 grosses pommes à cuire pelées, épépinées et coupées en dés
50 g de beurre

✽ Préchauffez le four à 190 °C (th. 6-7).

✽ Déroulez 50 cm de papier d'aluminium, froissez-le légèrement puis déposez-le dans un plat à rôtir (il évitera à la base du rôti de baigner dans la graisse de cuisson). Placez le rôti sur l'aluminium, couenne dessus, salez et poivre, puis enfournez-le pour 1 h.

✽ Préparez la compote. Mettez le poivre de la Jamaïque, les pommes et 20 cl d'eau dans une casserole. Portez à frémissements à feu moyen, couvrez et laissez compoter 15 min environ jusqu'à ce que les pommes soient très tendres. Assaisonnez la compote de sel et de poivre, puis incorporez-y le beurre. Réservez au chaud.

✽ Sortez le rôti du four et vérifiez sa cuisson de la pointe d'un couteau : le jus qui perle doit être très clair. Dans le cas contraire, enfournez-le à nouveau pour 15 à 30 min. Gardez le four allumé au terme de la cuisson du rôti.

✽ Retirez les ficelles du rôti, puis prélevez sa couenne à l'aide d'un couteau à large lame bien aiguisée. Déposez-la sur une plaque de cuisson, côté gras vers le haut, et enfournez-la pour 15 à 20 min : elle doit être bien croustillante mais sans brûler.

✽ Pendant ce temps, enveloppez le rôti de papier d'aluminium et laissez-le reposer au chaud.

✽ Enlevez l'aluminium froissé du plat à rôtir. Videz un peu de la graisse qu'il contient, puis placez-le sur feu moyen. Chauffez en grattant le fond à la spatule pour dissoudre les sucs de cuisson. Incorporez la farine, mélangez bien puis mouillez du bouillon. Portez à frémissements et laissez légèrement épaissir cette sauce en remuant constamment. Rectifiez son assaisonnement et versez-la en saucière.

✽ Coupez le rôti en tranches et la couenne en petits morceaux. Servez-les à l'assiette avec la compote et la sauce à part.

Escalopes de filet de porc panées et sauce crémeuse au cassis

LE CASSIS FRAIS N'ÉTANT DISPONIBLE QU'À LA FIN DE L'ÉTÉ, IL EST TOUT À FAIT POSSIBLE DE RÉALISER CETTE RECETTE AVEC DES BAIES SURGELÉES (VOIRE CONSERVÉES AU NATUREL !) C'EST POURQUOI J'ACHÈTE DES BAIES DE CASSIS FRAÎCHES EN SAISON ET JE LES RÉSERVE AU CONGÉLATEUR POUR EN PROFITER TOUTE L'ANNÉE TANT LEUR SAVEUR À LA FOIS SUCRÉE ET ACIDULÉE S'ACCORDE BIEN À CELLE DE LA VIANDE DE PORC.

Pour 4 personnes   Préparation : 30 min + refroidissement   Cuisson : 25 min

500 g de filet de porc dégraissé
3 œufs
1 cuil. à soupe de lait
5 cuil. à soupe d'huile végétale
4 cuil. à soupe de farine
6 cuil. à soupe de chapelure
6 cuil. à soupe de semoule de maïs fine pour polenta
1 petit oignon haché
1 gousse d'ail écrasée
20 cl de vin blanc sec
27,5 cl de bouillon de volaille
100 g de baies de cassis
15 cl de crème double (crème fraîche épaisse riche en matière grasse (≥ 45 %)
1 filet de jus de citron
sel et poivre noir du moulin

✱ Coupez le filet de porc en 4 tranches de même épaisseur. Recoupez chaque tranche dans l'épaisseur sans en séparer complètement les 2 moitiés, puis ouvrez-les et déposez les escalopes obtenues sur le plan de travail tapissé de film alimentaire en les espaçant bien.

✱ Arrosez chaque escalope avec ½ cuil. à café d'eau froide. Recouvrez le tout de film alimentaire, puis aplatissez les escalopes au rouleau ou maillet de cuisine pour bien les amincir.

✱ Fouettez les œufs dans une jatte avec le lait et 1 cuil. à soupe d'huile jusqu'à homogénéité. Versez la farine dans une assiette creuse, puis mélangez la chapelure et la semoule dans une seconde assiette. Passez les escalopes une par une dans la farine, puis dans les œufs et enfin dans le mélange de chapelure et de semoule pour les en enrober de toutes parts. Réservez-les au réfrigérateur jusqu'à utilisation.

✱ Mélangez l'oignon, l'ail et le vin dans une casserole. Portez à frémissements à feu moyen et laissez réduire jusqu'à ce qu'il ne reste qu'environ 1 cuil. à soupe de ce mélange.

✱ Versez le bouillon dans la casserole. Attendez le retour des frémissements et laissez réduire de moitié. Incorporez les baies de cassis. Poursuivez la cuisson de 3 à 4 min (cassis frais ou conservé au naturel) ou de 5 à 6 min (pour des baies congelées).

✱ Ajoutez la crème et le jus de citron. Mélangez jusqu'au retour des frémissements, puis retirez aussitôt du feu et assaisonnez de sel et de poivre. Réservez au chaud jusqu'au moment de servir.

✱ Faites chauffer le reste d'huile dans une grande poêle à feu moyen. Faites-y dorer les escalopes panées de 6 à 8 min en les retournant à mi-cuisson.

✱ Servez-les à l'assiette nappées de la sauce avec de la salade verte et des pommes de terre vapeur persillées.

Boulettes épicées aux pruneaux

DANS CETTE RECETTE FACILE À FAIRE, LES PRUNEAUX ADOUCISSENT DÉLICIEUSEMENT LA CHAIR DU PORC EN LA PARFUMANT. DE PLUS, LES BOULETTES CUISENT RAPIDEMENT À LA POÊLE : VOUS VOUS RÉGALEREZ EN UN TOURNEMAIN !

Pour 4 personnes   Préparation : 20 min   Cuisson : 10 min environ

6 pruneaux dénoyautés
450 g de porc maigre haché
2 cuil. à soupe de feuilles de sauge ciselées
¼ de cuil. à café de muscade en poudre
2 pincées de piment en poudre
1 cuil. à soupe de mayonnaise
1 œuf battu
sel et poivre noir du moulin
2 cuil. à soupe d'huile végétale

SAUCE
22,5 cl de ketchup
2 cuil. à soupe de sauce Worcestershire
55 g de cassonade
25 g de miel liquide
3 cuil. à soupe de vinaigre de malt
2 cuil. à café de moutarde en poudre
1 cuil. à café de mélange d'épices cajun
   (thym, oignon, ail, paprika, poivre noir, graines de moutarde, piment et cumin)
1 cuil. à café de cumin en poudre
2 pincées de piment frais haché

✱ Préparez la sauce en mélangeant tous ses ingrédients avec 12,5 cl d'eau dans une casserole. Portez à frémissements en remuant à feu moyen et laissez légèrement épaissir 5 min. Assaisonnez de sel et de poivre. Réservez au chaud ou laissez refroidir : cette sauce est aussi bonne chaude que froide.

✱ Hachez les pruneaux au couteau, puis mélangez-les dans un saladier avec la viande hachée, la sauge, la muscade, le piment, la mayonnaise, l'œuf, du sel et du poivre jusqu'à consistance homogène.

✱ Humidifiez-vous les mains pour façonner le mélange en 8 boulettes, puis aplatissez-les légèrement. Vous pouvez les cuire telles quelles ou après les avoir enfilées 2 par 2 sur des brochettes en bois préalablement trempées 30 min dans de l'eau froide.

✱ Faites chauffer l'huile dans une grande poêle à feu moyen. Faites-y dorer les boulettes (ou les brochettes) 5 min de chaque côté. Servez-les aussitôt, avec la sauce chaude ou froide.

Sauté de porc velouté à l'ail et aux poivrons

J'AI LONGTEMPS PENSÉ QUE LE FILET DE PORC ÉTAIT SEC ET PEU SAVOUREUX, JUSQU'AU JOUR OÙ MON BON AMI KEN HOM M'A CONFIÉ SON ASTUCE : IL SUFFIT DE « VELOUTER » LA VIANDE. DONC, MERCI KEN ! CETTE OPÉRATION EST UN PROCÉDÉ SIMPLE QUI CONSISTE À ENROBER LES MORCEAUX DE FILET D'UN MÉLANGE DE BLANC D'ŒUF, DE SEL ET DE MAÏZENA. CE MÉLANGE SE FIXE À LA VIANDE ET CONSERVE SON HUMIDITÉ EN INTENSIFIANT SA TENDRETÉ LORS DE LA CUISSON. CETTE ASTUCE EST ÉGALEMENT VALABLE POUR CUISINER DU POISSON À LA CHAIR UN PEU SÈCHE COMME LE THON.

Pour 4 personnes   Préparation : 10 min   Cuisson : 15 min

1 blanc d'œuf
1 cuil. à soupe de Maïzena
sel
500 g de filet de porc dégraissé coupé en 8 tranches de même épaisseur
1 poivron rouge épépiné et coupé en lanières
1 poivron jaune épépiné et coupé en lanières
1 oignon finement émincé
4 cuil. à soupe d'huile végétale
2 gousses d'ail finement émincées
8 cives finement émincées
6 cuil. à soupe de sauce soja foncée

✱ Fouettez rapidement le blanc d'œuf avec la Maïzena et 1 pincée de sel dans un saladier jusqu'à homogénéité, puis ajoutez les tranches de filet et mélangez pour bien les en enrober afin de les « velouter ».

✱ Mettez les poivrons, l'oignon et 1 pincée de sel dans une casserole. Couvrez d'eau à hauteur, portez à ébullition, puis égouttez aussitôt et laissez refroidir.

✱ Faites chauffer la moitié de l'huile dans un wok (ou une grande sauteuse) à feu moyen. Ajoutez les tranches de viande « veloutées » et faites-les revenir 10 min en les retournant souvent. Transférez-les sur un plat creux, couvrez-les de papier d'aluminium et réservez-les au chaud.

✱ Essuyez le wok (ou la sauteuse) avec du papier absorbant, puis faites-y chauffer le reste d'huile à feu vif. Ajoutez les poivrons et l'oignon refroidis, l'ail et les cives. Faites sauter le tout 3 ou 4 min.

✱ Ajoutez les tranches de viande, le jus qu'elles ont rendu dans le plat creux et la sauce soja. Mélangez pendant 1 min environ et servez, avec du riz ou des nouilles chinoises nature.

Filet de porc au poivre, vinaigre et sauce soja

CETTE RECETTE EST EXCELLENTE SI VOUS VEILLEZ À NE PAS TROP CUIRE LA VIANDE AU RISQUE DE LA DURCIR. ON TROUVE AUJOURD'HUI D'EXCELLENTES SAUCES CHINOISES, DONT LA SAUCE SOJA CLAIRE, AU RAYON EXOTIQUE DES GRANDES SURFACES OU DANS LES ÉPICERIES ASIATIQUES.

Pour 4 personnes   Préparation : 10 min   Cuisson : 10 min environ

500 g de filet de porc dégraissé coupé en 8 tranches de même épaisseur
sel
2 cuil. à soupe de farine
2 cuil. à soupe d'huile d'olive
30 g de beurre
1 cuil. à café de poivre mignonette
2 cuil. à soupe de vinaigre de vin blanc
3 cuil. à soupe de sauce soja claire
20 cl de crème double (crème fraîche épaisse riche en matière grasse (≥ 45 %)
6 cuil. à soupe de persil plat finement ciselé
sucre en poudre

✱ Disposez les tranches de filet entre deux feuilles de film alimentaire, puis aplatissez-les au rouleau pour les amincir légèrement. Salez et farinez-les, puis secouez-les pour éliminer l'excédent de farine.

✱ Faites chauffer l'huile et le beurre dans une grande poêle à feu moyen. Faites-y dorer les tranches de viande de 3 à 4 min de chaque côté. Transférez-les sur un plat creux et couvrez-les d'aluminium pour les garder chaudes.

✱ Mettez le poivre et le vinaigre dans la poêle. Faites chauffer jusqu'à évaporation presque complète du vinaigre. Ajoutez la sauce soja et la crème. Portez à frémissements en remuant, puis incorporez le persil. Rectifiez l'assaisonnement en sel et adoucissez légèrement avec un peu de sucre si nécessaire.

✱ Remettez les tranches de porc dans la poêle, retournez-les pour bien les enrober de sauce, puis retirez du feu et servez aussitôt, avec du riz nature.

Ragoût de porc au potiron

J'AI ADAPTÉ LE TRADITIONNEL RAGOÛT D'AGNEAU AUX POMMES DE TERRE ET LÉGUMES-RACINES EN UTILISANT DES CÔTES DE PORC ET DU POTIRON, CE DERNIER REMPLAÇANT LE RUTABAGA ET LES NAVETS DE LA RECETTE ORIGINELLE. DANS CETTE VERSION, J'AI AJOUTÉ DU BOUDIN NOIR MAIS VOUS POURRIEZ ÉGALEMENT L'ENRICHIR D'ORGE PERLÉ. QUOI QU'IL EN SOIT, C'EST TOUJOURS MA MÈRE QUI FAIT LE MEILLEUR RAGOÛT !

Pour 4 personnes   Préparation : 20 min   Cuisson : 2 h environ

4 à 6 cuil. à soupe d'huile végétale
1 grosse carotte pelée et coupée en rondelles
2 petits oignons grossièrement émincés
2 grosses gousses d'ail finement émincées
4 côtes de porc épaisses
280 g de chair de potiron coupée en dés
sel et poivre noir du moulin
115 g de boudin noir coupé en tranches dans la diagonale
2 cuil. à soupe de farine
1 cube de bouillon de bœuf (10 g) dissous dans 60 cl d'eau bouillante
4 grosses pommes de terre pelées et coupées en rondelles épaisses
beurre fondu

✱ Préchauffez le four à 180 °C (th. 6).

✱ Faites chauffer la moitié de l'huile dans une sauteuse à feu moyen. Faites-y suer la carotte, les oignons et l'ail 3 min en remuant souvent.

✱ Faites chauffer le reste d'huile dans une grande poêle à feu vif. Faites-y dorer les côtes de porc 1 min de chaque côté, puis transférez-les à l'écumoire dans une cocotte.

✱ Ajoutez les dés de potiron et le contenu de la sauteuse. Salez et poivrez généreusement, puis recouvrez des rondelles de boudin.

✱ Mélangez la farine versée en pluie dans le bouillon en fouettant pour homogénéiser, puis versez sur le contenu de la cocotte. Répartissez les rondelles de pommes de terre sur le tout en les chevauchant légèrement. Badigeonnez leur surface de beurre fondu au pinceau, puis salez et poivrez-les modérément.

✱ Couvrez la cocotte, enfournez-la pour 1 h, puis découvrez-la et poursuivez la cuisson de 45 min à 1 h pour jusqu'à ce que les pommes de terre soient bien dorées (vous pouvez éventuellement augmenter la température du four afin de les rendre bien croustillantes).

✱ Ce ragoût sera encore meilleur si vous le laissez reposer, à couvert, 30 min avant de le servir. Une astuce personnelle : je suis un grand fan de choucroute et je trouve qu'elle accompagne idéalement ce ragoût.

Mon pho

AYANT RÉCEMMENT VISITÉ LE VIETNAM, IL ÉTAIT LOGIQUE D'INCLURE DANS CET OUVRAGE MA VERSION DU PHO, SAVOUREUSE SOUPE COMPLÈTE SERVI DÈS LE MATIN PAR DES MARCHANDS AMBULANTS POSTÉS AU BORD DES RUES. SES ÉTOURDISSANTES SAVEURS MÊLÉES SONT UNE DÉCOUVERTE GUSTATIVE RARE. DE PLUS, CETTE RECETTE EST DÉPOURVUE DE GLUTEN, CE QUI M'INTÉRESSE PARTICULIÈREMENT. CETTE RECETTE VIETNAMIENNE PEUT ÊTRE À BASE DE POULET, DE BŒUF OU DE VOLAILLE, VOIRE DE POISSON ! POUR MA PART, JE L'AI ÉVIDEMMENT ADAPTÉE EN UTILISANT DU PORC.

Pour 4 personnes   Préparation : 20 min   Cuisson : 15 min

350 g de filet de porc dégraissé
1 petit bouquet de coriandre fraîche
1 petit bouquet de basilic frais
10 feuilles de menthe fraîche
1 litre de bouillon de porc ou de volaille
8 cives émincées dans la diagonale
1 petit piment rouge frais finement émincé
2 gousses d'ail écrasées
2 cuil. à soupe de nuoc-mâm (sauce de poisson vietnamienne)
1 cuil. à soupe de sucre en poudre
sel et poivre noir du moulin
200 g de vermicelles de riz cuits
200 g de pousses de soja
le jus de 2 gros citrons verts

✱ Coupez le filet de porc en tranches très fines, puis recoupez chacune d'elles en quatre.

✱ Rincez, puis essorez les trois herbes. Retirez les plus grosses tiges de la coriandre et du basilic, puis ciselez-les grossièrement.

✱ Portez le bouillon à frémissements dans une grande casserole à feu moyen. Ajoutez les cives, le piment, l'ail, le nuoc-mâm, le sucre, un peu de sel (attention : le bouillon et le nuoc-mâm sont déjà salés) et du poivre.

✱ Dès le retour des frémissements, ajoutez le porc et laissez frémir 5 min.

✱ Ajoutez les vermicelles et les pousses de soja. Portez de nouveau à frémissements, couvrez et retirez du feu.

✱ Incorporez la coriandre et le basilic ciselé, les feuilles de menthe et le jus des citrons verts. Rectifiez l'assaisonnement et servez immédiatement, en accompagnant éventuellement avec des quartiers de citron vert, une coupelle de sauce soja, du piment émincé et des herbes supplémentaires.

Porc jalfrezi

LE POULET EST HABITUELLEMENT UTILISÉ DANS CE PLAT INDIEN QUE LES FAMILLES AISÉES DÉGUSTENT LE DIMANCHE. ELLES LE FONT RÔTIR PUIS UTILISENT LES RESTES LE LUNDI POUR CUISINER LE JALFREZI. J'EN AI MANGÉ UN PARTICULIÈREMENT SUCCULENT PRÉPARÉ PAR LE CHEF DE L'HÔTEL OBEROI À NEW DELHI ET JE VOUS EN PROPOSE MA VERSION DANS LAQUELLE, BIEN SÛR, LE PORC REMPLACE LA VOLAILLE.

Pour 4 personnes   Préparation : 30 min   Cuisson : 15 min environ

400 g de tomates concassées en boîte
½ cube (5 g) de bouillon de légumes
1 cuil. à soupe de concentré de tomate
4 cuil. à soupe d'huile végétale
500 g de filet de porc coupé en 12 morceaux de même calibre
1 cuil. à soupe de gingembre frais finement râpé
1 gousse d'ail finement émincée
1 à 2 cuil. à café de piment rouge frais grossièrement émincé
1 cuil. à café de cumin en poudre
1 cuil. à café de coriandre en poudre
½ cuil. à café de curcuma en poudre
1 petit oignon très finement émincé
1 petit poivron rouge épépiné et coupé en lanières
1 petit poivron jaune épépiné et coupé en lanières
1 petit poivron vert épépiné et coupé en lanières
sel et poivre noir du moulin
sucre en poudre
2 cuil. à soupe de coriandre fraîche grossièrement ciselée

✱ Mettez les tomates concassées et leur jus dans une casserole avec le demi-cube de bouillon émietté et le concentré de tomate. Portez à frémissements à feu moyen et laissez cuire jusqu'à consistance épaisse.

✱ Faites chauffer la moitié de l'huile dans une grande poêle à feu moyen. Faites-y revenir les morceaux de porc de 6 à 8 min en les retournant souvent pour les dorer de tous côtés. Transférez-les à l'écumoire sur un plat creux et réservez-les au chaud.

✱ Faites chauffer le reste d'huile dans la poêle. Mettez-y le gingembre, l'ail, le piment et les épices en poudre. Remuez 2 min, puis ajoutez l'oignon et les poivrons. Poursuivez la cuisson 5 min en remuant, puis incorporez le contenu de la casserole ainsi que les morceaux de porc et le jus qu'ils ont rendu dans le plat.

✱ Quand la sauce nappe uniformément la viande, assaisonnez de sel et de poivre, puis adoucissez éventuellement d'un peu de sucre et incorporez la coriandre fraîche ciselée.

✱ Servez très chaud, en accompagnant de riz nature ou de pain naan indien.

Mon porc tikka masala

JE SAIS QUE LES PURISTES DÉDAIGNENT CETTE RECETTE. ELLE A POURTANT UNE HISTOIRE SINGULIÈRE. J'AI TRAVAILLÉ À GLASGOW DANS LE RESTAURANT OÙ LE POULET TIKKA MASALA A ÉTÉ INVENTÉ : LE SHISH MAHAL, SUR LA ROUTE DE PARC. ASIF, LE FILS DU PROPRIÉTAIRE, M'A RACONTÉ L'HISTOIRE. AU DÉBUT DES ANNÉES 1970, UN CONDUCTEUR D'AUTOBUS EST ENTRÉ DANS LE RESTAURANT TARD EN SOIRÉE. IL A COMMANDÉ LE POULET TIKKA, A COMMENCÉ À LE MANGER, PUIS, LE TROUVANT TROP SEC, L'A RENVOYÉ EN CUISINE. LE PÈRE D'ASIF SUGGÉRA AU CHEF D'Y AJOUTER UNE BOÎTE DE LA SOUPE À LA TOMATE QU'IL TROUVAIT PARTICULIÈREMENT BONNE. CE QUI FUT FAIT. LE CONDUCTEUR D'AUTOBUS SE RÉGALA : LE POULET TIKKA MASALA ÉTAIT NÉ ! À CE JOUR LE RESTAURANT SERT 25 000 ASSIETTES DE CETTE RECETTE PAR AN MAIS... SANS L'AJOUT DE SOUPE ! J'AI ICI RECRÉÉ LA RECETTE ORIGINELLE, EN REMPLAÇANT BIEN ENTENDU LE POULET PAR DU PORC ET... AVEC LA SOUPE ! QUEL PLAISIR !

Pour 4 personnes   Préparation : 40 min   Marinade : 12 h   Cuisson : 40 min environ

2 filets de porc de 350 g chacun dégraissés et coupés en cubes de 4 cm de côté
sel et poivre noir du moulin

MARINADE
1 cuil. à soupe de gingembre frais très finement râpé
3 gousses d'ail écrasées
2 cuil. à soupe de coriandre en poudre
1 cuil. à soupe de paprika fumé
2 cuil. à café de garam masala (mélange d'épices indiennes)
1 cuil. à café de cumin en poudre
½ cuil. à café de piment rouge en poudre
2 cuil. à soupe d'huile végétale
80 g de yaourt au lait de brebis nature

SAUCE
4 cuil. à soupe d'huile végétale
2 cuil. à soupe de coriandre en poudre
4 cuil. à café de paprika
2 cuil. à café de curcuma en poudre
2 cuil. à café de garam masala
2 cuil. à café de feuilles de fenugrec
½ cuil. à café de clous de girofle moulus
4 cuil. à soupe de gingembre frais très finement râpé
1 petit piment rouge très finement haché
2 gros oignons très finement hachés
4 gousses d'ail hachées
4 tomates mûres coupées en dés
400 g de soupe à la tomate en boîte
1 cube (10 g) de bouillon de volaille
12,5 cl de crème liquide
sucre en poudre
50 à 75 g de beurre en morceaux
quelques feuilles de coriandre fraîche

✱ La veille, mélangez tous les éléments de la marinade dans un saladier en verre ou en céramique. Ajoutez les cubes de porc, un peu de sel et de poivre, et mélangez bien à nouveau. Couvrez de film alimentaire et réservez 12 h au réfrigérateur.

✱ Le jour même, préparez la sauce. Faites chauffer l'huile dans une grande casserole à feu moyen. Ajoutez la coriandre, le paprika, le curcuma, le garam masala, le fenugrec, les clous de girofle, le gingembre et le piment. Faites revenir 2 min en remuant, puis ajoutez les oignons et l'ail. Poursuivez la cuisson 3 min en remuant de temps en temps.

✱ Ajoutez les tomates, la soupe, le cube de bouillon émietté, la crème et un peu d'eau. Portez à frémissements et laissez réduire de 15 à 20 min.

✱ Pendant ce temps, préchauffez un gril au maximum. Mixez la sauce jusqu'à consistance lisse. Reversez-la dans la casserole et portez-la à frémissements.

✱ Sortez les cubes de porc marinés du réfrigérateur. Faites-les griller de 3 à 4 min en les retournant souvent, puis incorporez-les au contenu de la casserole et laissez cuire 5 min environ : ils doivent être cuits à cœur.

✱ Rectifiez l'assaisonnement en sel et en poivre, adoucissez éventuellement avec un peu de sucre, puis ajoutez le beurre et les feuilles de coriandre. Mélangez bien et servez très chaud.

Nems au porc et aux crevettes

CONSOMMÉS DANS TOUT LE MÉKONG, AU SUD DU VIETNAM, LES NEMS PEUVENT ÊTRE COMPOSÉS DE MULTIPLES GARNITURES, TOUTES PLUS DÉLICIEUSES LES UNES QUE LES AUTRES, À BASE DE VIANDES, DE POISSONS OU DE FRUITS DE MER, ET TOUJOURS DE LÉGUMES ET HERBES AROMATIQUES. JE VOUS PROPOSE ICI MA VERSION, AUSSI DÉLICIEUSE QUE FACILE À RÉALISER, ACCOMPAGNÉE DE SAUCE AIGRE DOUCE.

Pour 4 personnes   Préparation : 30 min   Cuisson : 5 min environ

GARNITURE
4 grosses crevettes roses crues décortiquées
350 g de filet de porc dégraissé
1 cuil. à café de piment rouge frais très finement haché
2 cuil. à café de nuoc-mâm
2 cuil. à café bombées de pâte de crevette (facultatif, en vente au rayon exotique de votre grande surface ou dans les épiceries asiatiques)
2 gousses d'ail écrasées
sel et poivre noir du moulin
1 carotte pelée
½ petit concombre
4 cives

16 feuilles de riz pour nems
les feuilles de 1 petit bouquet de basilic frais
les feuilles de 1 petit bouquet de coriandre fraîche
quelques feuilles de menthe fraîche
huile de friture

SAUCE AIGRE DOUCE
4 cuil. à soupe de sauce soja
1 cuil. à soupe de nuoc-mâm
1 petit piment rouge finement haché
2 cuil. à soupe de coriandre fraîche finement ciselée
1 cuil. à soupe de sucre en poudre
2 cuil. à café de nuoc-mâm

✱ Préparez la garniture. Hachez grossièrement les crevettes et le filet de porc au robot. Mélangez-les intimement dans un saladier avec le piment, le nuoc-mâm, éventuellement la pâte de crevette, l'ail, du sel et du poivre.

✱ Râpez la carotte et le demi-concombre (grille moyenne). Émincez finement les cives.

✱ Déposez les feuilles de riz côte à côte sur un linge humide placé sur le plan de travail. Répartissez-y sur un côté la préparation aux crevettes et au porc, les légumes râpés, les cives et les feuilles d'herbes fraîches.

✱ Humidifiez légèrement au pinceau la surface libre des feuilles de riz, puis repliez leurs côtés vers le centre et roulez le tout en serrant pour bien enfermer hermétiquement la garniture dans les nems.

✱ Versez 3 cm d'huile de friture dans une sauteuse. Faites-la chauffer à 175 °C. Faites-y frire les nems de 3 à 5 min jusqu'à ce qu'ils soient dorés et croustillants.

✱ Pendant ce temps, mélangez tous les ingrédients de la sauce aigre douce dans une jatte en fouettant pour dissoudre le sucre.

✱ Transférez les nems très chauds à l'écumoire sur un plat de service, puis servez-les aussitôt accompagnés de la sauce : chacun les y trempera à son gré avant de les déguster..

CHAPITRE 3 — Jambons

Le jambon est un produit de conservation très largement consommé dans le monde entier. Les jambons crus séchés italiens de Parme ou de San Daniele comme les ibérico et serrano espagnols sont particulièrement appréciés. De même que les jambons cuits comme les variétés estampillées « York » ou « Wiltshire » en provenance du Royaume-Uni. Le terme générique de jambon désigne la cuisse du porc qui, après avoir été salée, séchée, cuite ou fumée, est prête à être consommée.

Je m'intéresse tout particulièrement à la production des jambons séchés ne nécessitant, après fabrication, aucune cuisson. Au Royaume-Uni, de nombreuses tentatives visaient à reproduire le goût du jambon de Parme ou de l'ibérico. Elles furent toutes vaines. Tenant compte de ce fait, je me suis astreint à produire une variété de jambon séché en utilisant des procédés locaux. Après dix ans d'expérimentations tâtonnantes, j'ai obtenu un produit remportant une récompense majeure au Royaume-Uni en 2009 : le *Great Taste Award*, soit le Grand Prix du goût.

Les jambons cuits, dits jambons blancs, demeurent très populaires au quotidien. Pourtant, certains produits industriels sont bien éloignés de la qualité de l'authentique jambon artisanal. J'ai en effet pu constater la pratique d'injections de saumure dans la cuisse de porc allant jusqu'à 45 % ainsi que l'ajout d'ingrédients utilitaires comme des phosphates, des protéines de soja ou de carraghénane (à base de sels de potassium, de sodium, de magnésium et de calcium ainsi que de sulfates de polysaccharides) destinés à augmenter le rendement à la cuisson. Ce qui signifie que le poids du jambon sera supérieur d'environ 20 % à celui de cuisse d'origine ! C'est le résultat malheureux des pressions exercées par les supermarchés pour obtenir les prix les plus bas.
— Simon

Sélectionner la viande

QUE JE ME PRÉPARE À CONFECTIONNER UN JAMBON CUIT OU SÉCHÉ, MES CRITÈRES DE SÉLECTION DE LA VIANDE DEMEURENT IDENTIQUES.

✱ J'utilise uniquement des cuisses de truies pesant de 80 à 100 kilos. Au Royaume-Uni, les mâles ne sont pas castrés, selon la législation, et leur viande contient donc des hormones sexuelles (andosterone, testostérone et scatol) qui peuvent donner un goût désagréable à la viande.

✱ Trois jours après l'abattage, les cuisses doivent présenter un pH de 5,5 à 5,8.

✱ Je découpe la cuisse en séparant ses différents muscles de l'os selon la manière dont je les conserverai (séchés, cuits ou fumés).

JE PRÉFÈRE LA TEXTURE DE PRODUITS MONO-MUSCULAIRES. CES CHOIX PERMETTENT DE PRODUIRE DES JAMBONS DE DIFFÉRENTES SORTES PUISQUE LA CUISSE EST COMPOSÉE DE QUATRE MUSCLES PRINCIPAUX.

1 **La noix** que j'utilise pour du jambon cuit car il se révèle maigre et tendre une fois préparé.

2 **La sous-noix,** idéale pour le jambon séché. C'est probablement le muscle le plus ferme mais sa lente maturation due à l'activité de ses enzymes donne au final un produit qui fond dans la bouche.

3 **Le jarret** donne un merveilleux jambon cuit, surtout aromatisé d'arôme d'asperge (voir page 85).

4 **Le quasi** constitue mon morceau favori pour un délicieux jambon fumé, surtout si l'on utilise du bois de hêtre.

✱ Les restes de ces découpes de porc peuvent être utilisés pour confectionner des saucisses.

JAMBONS SECS

Jambon de Brickhill

SELON L'HUMIDITÉ DU CLIMAT DE VOTRE RÉGION, VOUS POUVEZ VOIR APPARAÎTRE DE LA MOISISSURE SUR LA COUENNE DU JAMBON. NE VOUS EN INQUIÉTEZ PAS, LA QUALITÉ DU PRODUIT FINI N'EN SERA PAS AFFECTÉE. SUPPRIMEZ-LA SIMPLEMENT EN ESSUYANT LE JAMBON AVEC UN LINGE IMBIBÉ DE VINAIGRE BLANC.

INGRÉDIENTS POUR 1 KG DE JAMBON :

42 g de sel nitrité pour salaison (contenant 1 % de nitrite de sodium et 0,8 % de nitrate de potassium)
3 g de dextrose (le plus lourd des sucres : il aide à contrer l'effet durcissant du sel)
2 g d'ascorbate de sodium (le sel de sodium de l'acide ascorbique : il permet de stabiliser la couleur du jambon)
épices (poivre noir, graines de coriandre ou poudre d'ail peuvent être ajoutés pour parfumer le jambon mais restent facultatifs si vous souhaitez conserver la saveur originale de la viande)
pour envelopper le jambon : enveloppe fibreuse artificielle (dérivée du collagène) ou naturelle (boyau provenant du gros intestin de bœuf)

* Mélangez intimement le sel nitrité avec le dextrose, l'ascorbate de sodium et, éventuellement, les épices. Frottez le jambon de toutes parts avec la moitié de ce mélange (réservez le reste) en insistant particulièrement sur les parties les plus épaisses.

* Déposez le jambon dans un récipient en plastique alimentaire de taille adaptée, puis réservez-le 7 jours au réfrigérateur réglé sur 1 à 3 °C en le retournant au moins une fois. Une saumure se forme au fond du récipient : elle doit être éliminée à intervalles réguliers.

* Frottez le jambon avec le reste du mélange réservé. Placez-le au réfrigérateur pour 2 semaines supplémentaires en veillant à le retourner tous les deux jours.

* Rincez soigneusement à l'eau tiède, puis laissez-le sécher 2 h environ dans un endroit frais bien aéré.

* Une fois bien séché, entourez hermétiquement le jambon de l'enveloppe choisie en pressant bien pour éliminer un maximum d'air, puis placez-le pour 1 semaine au réfrigérateur. Ce qui permettra aux ingrédients de conservation de se diffuser au centre du jambon.

* La dernière étape consiste à accrocher le jambon dans un endroit frais et bien aéré (une cave est idéale) pour 8 à 12 semaines. Il est bon à consommer quand il est ferme au toucher, sans être trop dur.

Coppa

Cette spécialité italienne est préparée à base d'échine de porc et non de jambon. Je la préfère séchée à sec car, un peu grasse, elle reste ainsi plus moelleuse. C'est avec ce produit que j'ai gagné une médaille d'or trois étoiles aux Great Taste Awards (Grand Prix du goût) en 2009. Les ingrédients de salaison et la méthode sont les mêmes que pour le jambon, mais elle ne demande que 6 à 8 semaines de séchage lors de la dernière étape.

Lomo

Cette délicatesse espagnole, fabriquée à partir du filet mignon, est très tendre et peu grasse. Encore une fois, la recette est la même que pour le jambon mais en ajoutant 5 g de paprika fumé au mélange de salaison pour signer sa saveur ibérique.

JAMBONS FUMÉS

Kassler

CETTE SPÉCIALITÉ ALLEMANDE, HÉLAS TROP PEU RECONNUE HORS DE SON PAYS D'ORIGINE, EST AUSSI DÉLICIEUSE CHAUDE QUE FROIDE.

INGRÉDIENTS POUR 1 KG DE LONGE DE PORC DÉSOSSÉE :
50 g de sel nitrité pour salaison (contenant 0,6 % de nitrite de sodium et 0,8 % de nitrate de potassium)
2 g de dextrose
1 g d'ascorbate de sodium

✱ Mélangez tous les ingrédients avec 50 cl d'eau en remuant pour bien les dissoudre afin d'obtenir une saumure.

✱ Déposez la longe dans un récipient en plastique alimentaire de taille adaptée, puis recouvrez-la complètement de la saumure. Réservez 1 semaine au réfrigérateur.

✱ Retirez la longe de la saumure et laissez-la sécher 2 jours dans un endroit frais et bien aéré : elle ne doit plus être humide au toucher.

✱ Fumez la longe (voir page 107) en réglant le fumoir (fumaison indirecte) à 78 °C jusqu'à ce que le cœur de la viande atteigne 68 °C.

Jambon fumé comme en Westphalie

J'AI ADAPTÉ LA RECETTE DE CE FAMEUX JAMBON FUMÉ ALLEMAND EN UTILISANT LE MÊME PROCÉDÉ DE SALAISON QUE POUR LE JAMBON DE BRICKHILL (VOIR PAGE 81), PUIS EN LE FUMANT 30 MIN. ENSUITE, ET POUR REMPLACER LA LONGUE PÉRIODE DU SÉCHAGE, JE LE FAIS CUIRE À LA VAPEUR À UNE TEMPÉRATURE DE 78 °C JUSQU'À CE QUE SON CŒUR ATTEIGNE 68 °C.

JAMBONS À CUIRE

Jambon saumuré

SAUMURER LE JAMBON AVANT DE LE CUIRE EST UNE EXCELLENTE MÉTHODE QUI PERMET DE PRÉSERVER À LA FOIS SA SAVEUR ET SON MOELLEUX.

INGRÉDIENTS POUR 1 KG DE JAMBON

80 g de sel nitrité pour salaison (contenant 0,6 % de nitrite de sodium et 0,8 % de nitrate de potassium)
20 g d'ascorbate de sodium
100 g de glaçons

✱ Mélangez tous les ingrédients avec 30 cl d'eau dans un récipient en plastique alimentaire de taille adaptée à celle du jambon en remuant pour bien les dissoudre afin d'obtenir une saumure, puis incorporez les glaçons.

✱ Déposez le jambon dans la saumure en veillant à ce qu'il soit totalement recouvert. Réservez 1 semaine au réfrigérateur.

✱ Retirez le jambon de la saumure et laissez-le sécher 2 jours dans un endroit frais bien aéré avant de procéder à sa cuisson. Pour cette dernière, la recette que je préfère est celle de mon ami Phil : le Jambon glacé aux clous de girofle, au tamarin et à la moutarde (voir page 86).

Jambon à l'arôme d'asperge

Suivez la recette précédente en ajoutant de 4 à 5 g d'arôme d'asperge (additif totalement naturel disponible dans les meilleures grandes surfaces ou chez les traiteurs) aux ingrédients.

Jambon glacé aux clous de girofle, au tamarin et à la moutarde

LORSQUE J'AI RÉALISÉ CETTE RECETTE POUR LA PREMIÈRE FOIS, ELLE EST IMMÉDIATEMENT DEVENUE MA RECETTE FAVORITE POUR NOËL TANT LA SAVEUR DU JAMBON EST PUISSANTE ET SON ASPECT SUPERBEMENT BRILLANT.

Pour 6 à 8 personnes   Préparation : 20 min   Trempage : 12 h   Cuisson : 3 h environ   Réfrigération : 12 h

4 jambons saumurés de 1 kg chacun (voir page 85)
sel (facultatif)
2 carottes pelées entières
2 branches de céleri
½ poireau nettoyé
2 oignons pelés entiers
2 cuil. à soupe de grains de poivre noir
4 feuilles de laurier
1 tête d'ail

GLAÇAGE
400 g de sucre muscovado
35 cl de cidre brut
4 cuil. à soupe de pâte de tamarin
4 cuil. à soupe d'huile d'olive
100 g de miel liquide
2 cuil. à soupe de moutarde en poudre
1 cuil. à soupe de paprika fumé
1 cuil. à café de clous de girofle en poudre

✱ L'avant-veille, faites tremper les jambons 12 h dans de l'eau froide.

✱ La veille, égouttez-les, puis rincez-les soigneusement. Mettez-les dans un faitout et couvrez-les largement d'eau froide. Portez à ébullition, baissez le feu et laissez frémir 5 min. Goûtez l'eau de cuisson : si elle est trop salée, jetez-la et recommencez l'opération. Si elle ne l'est pas assez, ajoutez un peu de sel.

✱ Réduire encore le feu (l'eau doit être tout juste frémissante) et laissez cuire 15 min en écumant de temps en temps. Ajoutez les carottes, le céleri, le poireau, les oignons, le poivre, le laurier et l'ail. Attendez le retour des frémissements et poursuivez la cuisson 2 h 15.

✱ Retirez du feu, laissez refroidir les jambons dans le bouillon, puis réservez-les 12 h au réfrigérateur toujours dans le bouillon.

✱ Le jour même, préchauffez le four à 200 °C (th. 6-7).

✱ Retirez les jambons du bouillon gélifié. Rincez-les bien pour éliminer toute la gelée, puis ôtez leur couenne. Incisez légèrement la chair à plusieurs reprises de la pointe d'un couteau, puis déposez les jambons sur une plaque de cuisson creuse.

✱ Mélangez intimement tous les éléments du glaçage dans un saladier, puis versez sur les jambons. Enfournez-les pour 20 à 25 min en les nappant souvent du glaçage.

✱ Servez les jambons chauds détaillés en gros morceaux avec de la purée de pommes de terre. Vous pouvez également les déguster froids lors d'un en-cas.

Jambon en croûte et chutney de potiron

Jambon en croûte et chutney de potiron

CETTE MANIÈRE TRÈS ORIGINALE DE CUIRE LE JAMBON PREND CERTES DU TEMPS MAIS LE JEU EN VAUT LA CHANDELLE ! IL EST AUSSI SAVOUREUX À DÉGUSTER CHAUD QUE FROID.

Pour 4 à 6 personnes   Préparation : 30 min   Cuisson : 2 h 45 à 3 h 15

750 g de farine tamisée + un peu pour le plan de travail
250 g de sel
10 blancs d'œufs
1,5 kg de jambon fumé avec sa couenne, trempé toute une nuit dans de l'eau froide, puis égoutté et bien séché dans un linge
4 cuil. à soupe de miel liquide
1 cuil. à soupe de mélasse (essentiellement en vente dans les épiceries fines)
1 cuil. à café de poivre de la Jamaïque

CHUTNEY
4 cuil. à soupe d'huile d'olive
1 cuil. à café de graines de cumin
1 cuil. à café de baies de genièvre écrasées
1 cuil. à café de clous de girofle entiers
2 petits oignons rouges finement émincés
2 gousses d'ail écrasées
1 cuil. à soupe de gingembre frais finement haché
450 g de chair de potiron coupée en petits morceaux
15 cl de vinaigre de cidre
2 cuil. à soupe de sauce Worcestershire
175 g de cassonade blonde
sel et poivre noir du moulin

✻ Préchauffez le four à 160 °C (th. 5-6).

✻ Mélangez la farine et le sel dans un saladier, puis incorporez les blancs d'œufs jusqu'à obtention d'une pâte ferme et homogène.

✻ Déposez le jambon sur une cale d'aluminium froissé placé dans une plaque de cuisson creuse.

✻ Étalez la pâte avec précaution sur le plan de travail fariné en un rectangle suffisamment grand pour recouvrir entièrement le jambon, puis déposez-la sur ce dernier en la repliant hermétiquement sur les côtés. Appuyez sur la base de la pâte pour parfaire l'étanchéité. Pratiquez une incision au sommet de la pâte afin de permettre à la vapeur de s'échapper lors de la cuisson.

✻ Enfournez pour 2 h 30 à 3 h. Pour vérifier la cuisson, plantez une brochette dans le jambon en passant par l'entaille de la pâte : elle ne doit pas rencontrer de résistance en s'enfonçant dans la viande.

✻ Pendant ce temps, préparez le chutney. Faites chauffer l'huile dans une casserole à feu moyen. Faites-y revenir le cumin, le genièvre, les clous de girofle, les oignons, l'ail et le gingembre de 6 à 8 min en remuant !

✻ Ajoutez le potiron, le vinaigre, le sauce Worcestershire, la cassonade, du sel et du poivre. Portez à frémissements en remuant, puis laissez compoter 20 min environ jusqu'à consistance épaisse. Retirez du feu et laissez refroidir.

✻ Mélangez le miel avec la mélasse et le poivre de la Jamaïque dans un bol. Réservez.

✻ Lorsque le jambon est cuit, retirez-le du four en augmentant sa température à 220 °C (th. 6-7). Cassez la croûte pour en extraire le jambon. Retirez sa couenne et une partie de sa graisse.

✻ Déposez-le sur une autre plaque de cuisson, la graisse restante dessus. Quadrillez-la au couteau, puis répartissez-y le contenu du bol.

✻ Enfournez le jambon pour 15 à 20 min en le surveillant pour ne pas le laisser brûler.

✻ Servez le jambon tranché à l'assiette, accompagnez du chutney ou de la compote de tomate de la page 93.

Steaks de jambon fumé grillés aux tomates et pois chiches

MA FILLE ET MOI AIMONS VRAIMENT BEAUCOUP CES STEAKS GRILLÉS À LA PLANCHA QUAND ILS SONT D'EXCELLENTE QUALITÉ, GOUTEUX ET PAS TROP SALÉS. J'APPRÉCIE PARTICULIÈREMENT LE CÔTÉ BORDÉ DE GRAISSE QUI CROUSTILLE DÉLICIEUSEMENT APRÈS CUISSON. ICI SERVIS AVEC UNE PRÉPARATION RELEVÉE À BASE DE TOMATES ET DE POIS CHICHES, ILS PEUVENT ÊTRE AUSSI ACCOMPAGNÉS DE TRANCHES D'ANANAS POÊLÉES, D'ŒUFS AU PLAT OU PLUS SIMPLEMENT DE CHIPS.

Pour 4 personnes   Préparation : 10 min   Cuisson : 15 min

4 cuil. à soupe d'huile d'olive
2 oignons finement émincés
2 gousses d'ail finement émincées
400 g de tomates concassées en boîte
400 g de pois chiches au naturel en boîte égouttés
1 pincée de flocons de piment séché
½ cube (5 g) de bouillon de volaille ou de légumes
2 cuil. à soupe du vinaigre de votre choix
1 cuil. à soupe de sucre en poudre
sel et poivre noir du moulin
4 steaks de jambon fumé de 275 g chacun environ

✱ Faites chauffer l'huile dans une casserole à feu moyen. Faites-y suer les oignons et l'ail 2 min en remuant.

✱ Ajoutez les tomates et leur jus, les pois chiches, le piment, le cube de bouillon émietté, le vinaigre, le sucre, un peu de sel et de poivre. Portez à frémissements en remuant de temps en temps, puis laissez épaissir de 10 à 15 min et rectifiez l'assaisonnement.

✱ Pendant ce temps, faites bien chauffer la plancha (ou un gril) et faites-y griller les steaks de 4 à 5 min de chaque côté. Ne prolongez pas inutilement leur cuisson au risque de les durcir.

✱ Pour servir, répartissez la préparation aux tomates et pois chiches sur 4 assiettes de service. Surmontez chaque assiettée avec 1 steak et servez aussitôt, bien chaud.

✱ Bon à savoir : la préparation aux tomates et pois chiches est tout aussi délicieuse dégustée froide, en entrée, avec des tranches de pain grillé.

Compote de tomates

MA COMPOTE DE TOMATES À L'ESTRAGON, DÉLICIEUSEMENT AROMATISÉE, ACCOMPAGNERA À MERVEILLE LE JAMBON CUIT EN CROÛTE DE LA PAGE 90 EN REMPLACEMENT DU CHUTNEY.

Pour 4 à 6 personnes   Préparation : 5 min   Cuisson : 5 min

10 cl de vinaigre de cidre
75 g de sucre cristallisé brut
1 cuil. à café de graines de cumin
1 bâton de cannelle
2 échalotes finement émincées
500 g de tomates cerises
2 cuil. à soupe de feuilles d'estragon finement ciselées

✻ Versez 10 cl d'eau dans une casserole. Ajoutez le vinaigre, le sucre, le cumin, la cannelle et les échalotes. Portez à frémissements à feu moyen en remuant pour dissoudre le sucre, puis laissez frémir 3 min.

✻ Incorporez les tomates cerises, attendez le retour des frémissements et poursuivez la cuisson 2 min environ jusqu'à ce que la peau des tomates commence à se fendre. Retirez du feu, ajoutez l'estragon, couvrez et laissez refroidir.

Salade tiède au jambon et sauce moutarde aux lentilles

LA SAUCE DOIT ÊTRE PRÉPARÉE 24 H À L'AVANCE AFIN D'ACQUÉRIR SA PLEINE SAVEUR. LA MOUTARDE EN POUDRE PERDANT DE SON PIQUANT QUAND ON Y AJOUTE DE L'EAU, IL EST PRÉFÉRABLE DE NE L'INCORPORER À LA SAUCE QU'APRÈS 12 H DE RÉFRIGÉRATION.

Pour 4 personnes   Préparation : 20 min   Trempage et réfrigération : 24 h   Cuisson : 2 h 40

2 jambons saumurés de 1 kg chacun (voir page 85)
sel (facultatif)
1 cuil. à café de grains de poivre noir
3 feuilles de laurier

SAUCE
2 jaunes d'œufs extrafrais
2 cuil. à soupe bombées de moutarde en poudre
sucre en poudre
sel et poivre noir du moulin
3 cuil. à soupe de vinaigre de vin blanc

30 cl d'huile végétale
4 échalotes finement émincées
4 cuil. à soupe bombées d'herbes fraîches (basilic, persil, ciboulette, cerfeuil et estragon) grossièrement ciselées
150 g de lentilles du Puy cuites

POUR SERVIR
1 petite poignée de feuilles de cresson
1 cœur de laitue iceberg grossièrement ciselé
quelques tomates cerises en grappe

✱ Faites tremper les jambons 24 h dans de l'eau froide en changeant l'eau de temps en temps.

✱ Pendant ce temps, préparez la sauce. Mélangez les jaunes d'œufs avec la moutarde, 1 ou 2 pincées de sucre en poudre, du sel, du poivre et le vinaigre, puis émulsionnez avec l'huile en fouettant bien. Incorporez les échalotes, les herbes et les lentilles. Couvrez de film alimentaire et réservez 12 h au réfrigérateur.

✱ Ajoutez 2,5 cl d'eau froide, fouettez à nouveau pour parfaire l'émulsion, puis rectifiez l'assaisonnement en sucre, en sel, en poivre et en vinaigre. Mélangez bien en fouettant et réservez à couvert 12 h au réfrigérateur.

✱ Égouttez les jambons puis mettez-les dans un faitout et couvrez-les largement d'eau froide. Portez à frémissements et laissez frémir 5 min. Goûtez l'eau de cuisson : si elle est trop salée, jetez-la et recommencez l'opération. Si elle ne l'est pas assez, ajoutez un peu de sel.

✱ Réduire le feu (l'eau doit être tout juste frémissante), ajoutez le poivre et le laurier, et laissez cuire 2 h 30. Retirez du feu, laissez refroidir les jambons dans le bouillon, puis réservez-les 12 h au réfrigérateur, toujours dans le bouillon.

✱ Retirez les jambons du bouillon gélifié. Rincez-les bien pour éliminer toute la gelée, puis ôtez leur couenne et la plus grande partie de leur graisse. Coupez leur viande en dés.

✱ Juste avant de servir, faites réchauffer la sauce et les cubes de porc dans une casserole à feu doux, sans laisser bouillir. Mélangez le cresson et la laitue dans un saladier. Ajoutez le contenu de la casserole, mélangez délicatement, puis répartissez sur 4 assiettes de service et servez aussitôt avec les tomates et, éventuellement, des pommes de terre nouvelles cuites en peau à la vapeur.

Légumes braisés au jambon et salade de roquette aux pommes

CETTE RECETTE COMPLÈTE, RAPIDE ET DÉLICIEUSE, NE PRÉSENTE AUCUNE DIFFICULTÉ. ELLE EST PARFAITE POUR UN REPAS CONVIVIAL ET SANS FAÇON.

Pour 4 personnes   Préparation : 20 min   Cuisson : 20 min

4 cuil. à soupe d'huile d'olive
1 oignon jaune coupé finement émincé
2 grosses carottes pelées, cuites et coupées en dés
8 pommes de terre rôties (ou cuites à la vapeur) et coupées en dés
½ chou-fleur cuit à la vapeur détaillé en petits bouquets
1 cube (10 g) de bouillon de volaille
200 g de jambon cuit coupé en dés de 1 cm de côté
poivre noir du moulin
4 œufs cuits sur le plat
moutarde à l'ancienne

SALADE
2 petites pommes
1 filet de jus de citron
140 g de feuilles de roquette
1 petit oignon rouge finement émincé
2 cuil. à soupe d'huile d'olive

✱ Faites chauffer l'huile dans une sauteuse à feu moyen. Faites-y suer l'oignon 3 min en remuant.

✱ Ajoutez les dés de carottes et de pommes de terre ainsi que les petits bouquets de chou-fleur. Remuez 2 min.

✱ Ajoutez le cube de bouillon émietté, 10 cl d'eau et les dés de jambon. Poivrez généreusement et portez à frémissements en remuant. Couvrez et baissez le feu. Laissez braiser 15 min à feu doux, puis rectifiez l'assaisonnement

✱ Pendant ce temps, préparez la salade. Lavez les pommes sans les peler. Coupez-les en quatre, épépinez-les, puis râpez-les au robot muni de sa râpe moyenne.

✱ Mélangez les pommes râpées dans un saladier avec le jus de citron. Ajoutez la roquette et l'oignon. Mélangez délicatement, puis ajoutez l'huile et mélangez à nouveau.

✱ Servez les légumes braisés au jambon à l'assiette. Surmontez-les des œufs cuits sur le plat et servez-les immédiatement avec de la moutarde à l'ancienne et accompagnés de la salade.

Osso buco de porc

J'AI IMAGINÉ CETTE RECETTE IL Y A DE NOMBREUSES ANNÉES. LONGUEMENT MIJOTÉE EN COCOTTE À FEU DOUX, ELLE ÉVITE D'UTILISER LE FOUR, GOURMAND EN ÉNERGIE. COMME UNE PARTIE DU LIQUIDE DE BRAISAGE DU PORC SERA UTILISÉE POUR LA SAUCE, N'ASSAISONNEZ PAS TROP EN DÉBUT DE CUISSON.

Pour 4 personnes   Préparation : 30 min + refroidissement   Cuisson : 3 h 30

8 petites rouelles de porc pour osso buco de 5 cm d'épaisseur
60 cl de bouillon de volaille
1 oignon finement émincé
1 carotte pelée coupée en rondelles fines
1 tige de céleri branche finement émincée
1 brin de thym frais
2 brins de sauge fraîche
2 gousses d'ail écrasées
quelques grains de poivre noir
1 pincée de sel

SAUCE
4 cuil. à soupe d'huile d'olive
2 oignons finement émincés
4 gousses d'ail écrasées
400 g de tomates concassées en boîte
185 g de poivrons rouges grillés conservés au naturel, égouttés et coupés en petits morceaux
2 cuil. à soupe de concentré de tomate
2 cubes (20 g) de bouillon de volaille
15 cl de vin blanc sec
5 cl de vinaigre de xérès
25 g de sucre en poudre
10 cl de crème liquide
30 g de feuilles de cresson grossièrement ciselées
sel et poivre noir du moulin

✱ Supprimez la couenne des rouelles de porc, puis dégraissez-les partiellement.

✱ Déposez les rouelles côte à côte dans une marmite. Couvrez-les du bouillon, puis ajoutez l'oignon, la carotte, le céleri, le thym, la sauge, l'ail, le poivre et le sel.

✱ Portez à frémissements, couvrez et laissez frémir 2 h 30 environ : la viande doit être très tendre sans pour autant se détacher des os.

✱ Retirez du feu et laissez refroidir les rouelles dans le bouillon de cuisson. Ôtez-les de la marmite et réservez-les. Filtrez le bouillon de cuisson et réservez-en 25 cl pour la sauce.

✱ Préparez la sauce. Faites chauffer l'huile dans une sauteuse à feu moyen. Faites-y suer les oignons et l'ail 5 min en remuant. Ajoutez les tomates et leur jus, les poivrons, le concentré de tomate, le bouillon de volaille en cube émietté, le bouillon de cuisson des rouelles réservé, le vin, le vinaigre et le sucre. Portez à frémissements, puis laissez réduire 35 min en remuant de temps en temps.

✱ Ajoutez la crème, poursuivez la cuisson 5 min, puis incorporez le cresson et rectifiez l'assaisonnement.

✱ Incorporez les rouelles à la sauce contenue dans la sauteuse et laissez réchauffer 15 min à feu doux.

✱ Servez très chaud, avec des épinards et des haricots verts cuits à la vapeur.

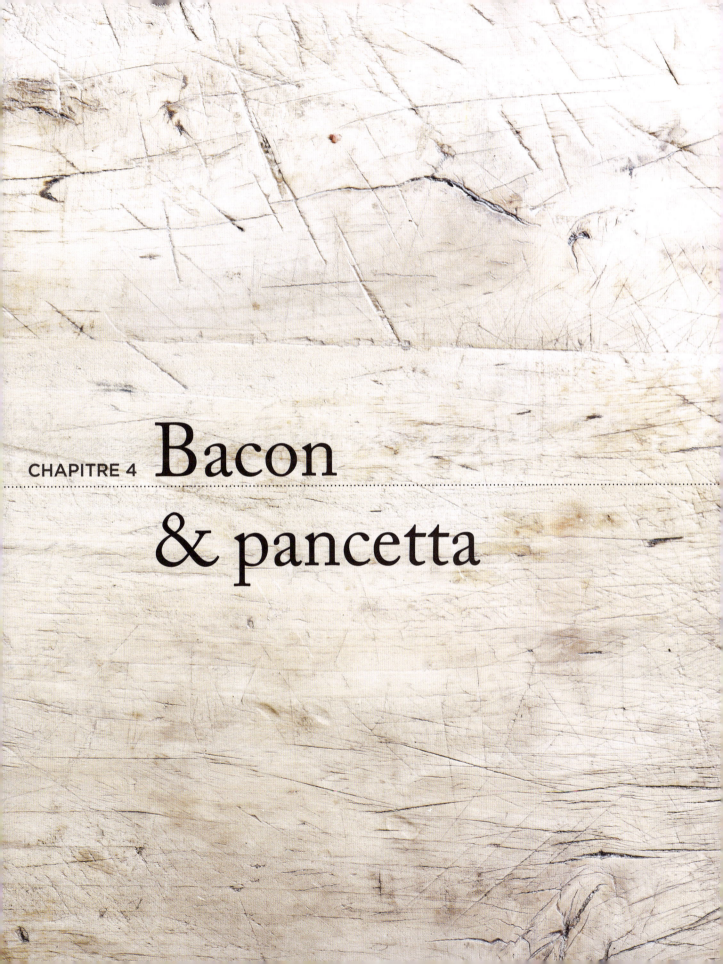

CHAPITRE 4 # Bacon & pancetta

Il semble que le bacon et le lard de poitrine figurent parmi les produits issus du porc les plus consommés dans le monde. Je me souviens, non sans émotion, de la première pièce de bacon que j'ai préparée en utilisant de bons ingrédients, puis me précipitant, dès le lendemain matin, pour vérifier si mon essai présentait la merveilleuse teinte rosée à laquelle nous sommes si habitués. Elle était présente et j'ai alors entrepris un long parcours qui m'amena parfois à désespérer lorsque le résultat était insatisfaisant, mais aussi, à d'autres moments, à obtenir des prix lors de compétitions culinaires.

L'échine est utilisée pour obtenir le bacon et c'est bien naturellement à partir de la poitrine que l'on obtiendra le lard de… poitrine ! J'ai pour habitude d'utiliser la viande de truies. Comme je l'ai déjà signalé, au Royaume-Uni, les mâles ne sont pas castrés, selon la réglementation, et leur viande contient donc des hormones sexuelles (andosterone, testostérone et scatol) qui peuvent donner un goût désagréable à la viande. – Simon

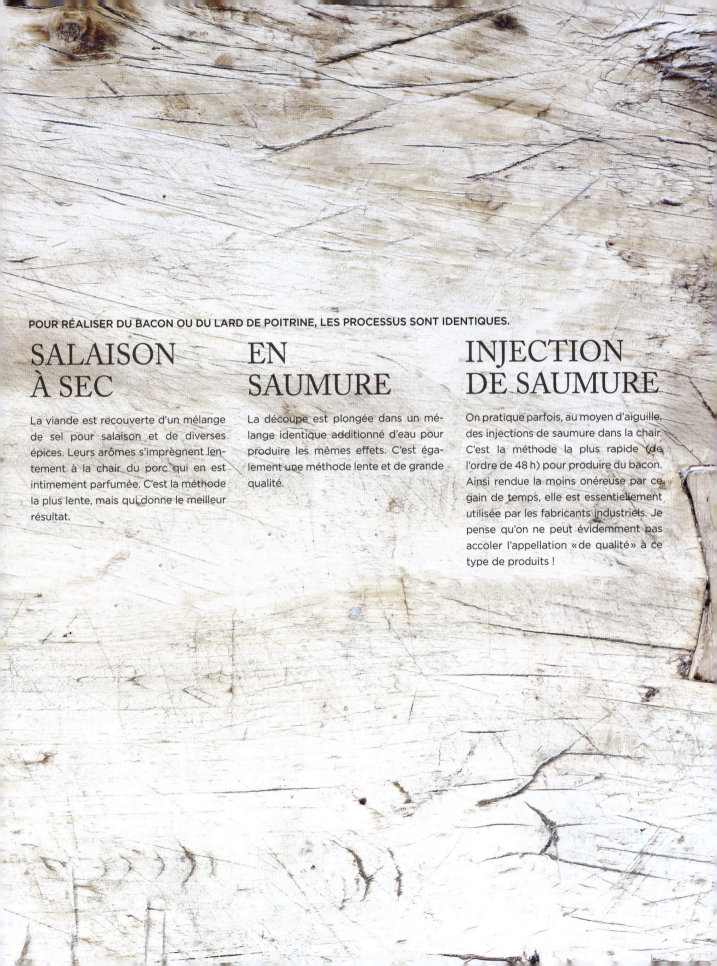

POUR RÉALISER DU BACON OU DU LARD DE POITRINE, LES PROCESSUS SONT IDENTIQUES.

SALAISON À SEC

La viande est recouverte d'un mélange de sel pour salaison et de diverses épices. Leurs arômes s'imprègnent lentement à la chair du porc qui en est intimement parfumée. C'est la méthode la plus lente, mais qui donne le meilleur résultat.

EN SAUMURE

La découpe est plongée dans un mélange identique additionné d'eau pour produire les mêmes effets. C'est également une méthode lente et de grande qualité.

INJECTION DE SAUMURE

On pratique parfois, au moyen d'aiguille, des injections de saumure dans la chair. C'est la méthode la plus rapide (de l'ordre de 48 h) pour produire du bacon. Ainsi rendue la moins onéreuse par ce gain de temps, elle est essentiellement utilisée par les fabricants industriels. Je pense qu'on ne peut évidemment pas accoler l'appellation « de qualité » à ce type de produits !

SALAISON À SEC

C'est la méthode que j'ai choisie pour préparer le bacon. J'utilise de l'échine ou de la poitrine pesant entre 80 et 100 kg. Je choisis donc des porcs de belle taille, car ainsi, une fois séché, le bacon présentera des tranches de taille convenable. Je recommande vivement de vérifier le pH de la viande à l'aide d'un instrument spécifique (pH-mètre) avant de la choisir : celui-ci doit s'inscrire entre 5,5 et 5,8. Ce pH, généralement atteint trois jours après l'abattage, permet de s'assurer du contrôle microbiologique de la viande.
— Simon

Bacon salé à sec

INGRÉDIENTS POUR 1 KG D'ÉCHINE SANS OS

42 g de sel nitrité pour salaison (contenant 1 % de nitrite de sodium et 0,8 % de nitrate de potassium)
3 g de dextrose (le plus lourd des sucres : il aide à contrer l'effet durcissant du sel)
2 g d'ascorbate de sodium (le sel de sodium de l'acide ascorbique : il permet de stabiliser la couleur du bacon)
0,5 à 1 g d'épices broyées mélangées (les grains de poivre noir et de coriandre, les baies de genièvre et le laurier se prêtent particulièrement bien au séchage).

✱ Mélangez intimement tous les ingrédients. Frottez l'échine de toutes parts avec ce mélange en insistant particulièrement sur les parties les plus épaisses. La viande doit en être totalement recouverte.

✱ Déposez l'échine dans un récipient en plastique alimentaire de taille adaptée, puis réservez 10 jours au réfrigérateur réglé sur 1 à 3 °C en le retournant au moins une fois. Une saumure se forme au fond du récipient : elle doit être éliminée à intervalles réguliers.

✱ Rincez soigneusement le bacon à l'eau tiède, puis laissez-le sécher 2 h environ dans un endroit frais bien aéré.

✱ À ce stade, vous pouvez fumer le bacon si vous le souhaitez (voir page 107). Dans cas, il doit être remis à température ambiante avant le fumage afin de ne pas générer de condensation qui gênerait l'opération.

✱ La bonne température du fumage doit être inférieure à 42 °C. Si votre type de fumoir ne le permet pas, renoncez à fumer le bacon.

✱ Pour conservez le bacon dans les meilleures condition, emballez-le de préférence sous vide (ou demandez à votre boucher de le faire). Sinon, emballez-le hermétiquement de papier sulfurisé et réservez-le au réfrigérateur : il se bonifiera avec l'âge. Vous le servirez ensuite en tranches fines ou épaisses, selon votre choix.

✱ Enfin, lorsque vous servirez pour la première fois votre bacon maison, ne cédez pas à la tentation de l'accompagner de ketchup au risque de dénaturer sa saveur authentique !

Lard de poitrine

SUIVEZ LA MÉTHODE PRÉCÉDENTE EN REMPLAÇANT L'ÉCHINE PAR DE LA POITRINE DÉSOSSÉE ET EN N'UTILISANT QUE 32 G DE SEL NITRITÉ POUR SALAISON PAR KILO DE POITRINE.

FUMER À DOMICILE

Pour moi, l'odeur du bacon fraîchement fumé est tout aussi agréable que celle du pain frais. Cependant, bien que cette technique date de plus de 80 000 ans, elle n'est pas aussi simple qu'on pourrait le croire et frôle une certaine forme d'art. J'utilise un fumoir à bois du commerce que je charge d'essences comme le hêtre ou le chêne pour traiter tous mes produits. Il comporte un microprocesseur me permettant de contrôler efficacement, à chaque étape, que les résultats sont toujours conformes à mes prévisions.

Cependant, fumer à domicile est une opération complexe, source d'épreuves et d'erreurs. Si de nombreux modèles du commerce sont en vente, certains utilisateurs continuent pourtant à bricoler leur matériel avec de vieux réfrigérateurs et des poubelles recyclés. Tant que vous persévérez à mettre au point votre propre méthode, il n'est pas exclu que la réussite soit au bout du chemin.

Pour fumer vous-même votre bacon, il convient de vous assurer qu'il est suffisamment sec et que sa température est proche de celle du fumoir afin d'éviter toute condensation. Selon la configuration de ce dernier vous adapterez la durée de l'opération pour obtenir la couleur et la saveur que vous souhaitez. – Simon

Pancetta fumée

CETTE CHARCUTERIE ITALIENNE EST D'UNE TELLE DÉLICATESSE QU'ELLE EST BEAUCOUP IMITÉE EN EUROPE, MAIS SANS ATTEINDRE LA QUALITÉ DE L'ORIGINAL. LA PANCETTA (À BASE DE POITRINE, DE GORGE OU DE JOUE DE PORC), EST MARINÉE AUX HERBES ET AUX ÉPICES, PUIS ROULÉE, FUMÉE ET SÉCHÉE À LA FAÇON DE LA COPPA OU DU LOMO (VOIT PAGE 81).

Pour 1 kg de pancetta

40 g de sel nitrité pour salaison (contenant 1 % de nitrite de sodium et 0,8 % de nitrate de potassium)
3 g de dextrose
2 g d'ascorbate de sodium
6 g de thym séché
4 g de poivre du moulin
4 g d'ail déshydraté en poudre
1 kg de poitrine de porc désossée
facultatif : enveloppe fibreuse artificielle (dérivée du collagène)

✱ Mélangez intimement le sel nitrité avec le dextrose, l'ascorbate, le thym, le poivre et l'ail. Frottez la poitrine des deux côtés avec ce mélange, puis roulez-la fermement et ficelez régulièrement le rouleau obtenu pour préserver sa forme.

✱ Laissez sécher le rouleau 1 semaine au réfrigérateur, puis enveloppez-le complètement dans l'enveloppe fibreuse. Ficelez les deux extrémités, puis piquez avec une aiguille pour éliminer toutes les poches d'air.

✱ Fumez légèrement, puis suspendez à une température de 12 à 14 °C dans une pièce à l'humidité relative de 75 à 78 %. Laissez sécher de 8 à 12 semaines, jusqu'à ce que la pancetta soit assez ferme au toucher.

Lard de poitrine pimenté

SUIVEZ LA RECETTE DU LARD DE POITRINE DE LA PAGE 105 EN AJOUTANT 5 G DE PAPRIKA FUMÉ ET 2 G DE PIMENT EN POUDRE AUX INGRÉDIENTS DE LA SALAISON. CET ASSAISONNEMENT APPORTERA UN PIQUANT BIENVENU À LA RECETTE DE SANDWICHS DE LA PAGE 117.

Bacon noir de Brickhill

VOICI NOTRE SPÉCIALITÉ MAISON, TOUT SIMPLEMENT DÉLICIEUSE !

INGRÉDIENTS POUR 1 KG DE BACON SALÉ À SEC
100 g de mélasse noire (en vente dans les magasins bio)
50 g de sel nitrité pour salaison (contenant 0,6 % de nitrite de sodium et 0,8 % de nitrate de potassium)

✱ Mélangez 40 cl d'eau chaude dans un récipient inoxydable avec la mélasse et le sel nitrité jusqu'à consistance homogène. Laissez refroidir cette saumure.

✱ Plongez le bacon salé à sec dans la saumure et réservez-le de 2 à 3 jours au réfrigérateur ; il prendra une belle couleur brune.

✱ Retirez le bacon de la saumure et laissez-le sécher quelques heures sur une grille dans un endroit frais et aéré.

✱ Fumez le bacon jusqu'à ce qu'il noircisse franchement, tel un morceau d'anthracite, puis régalez-vous : coupé en tranches fines, il vous permettra de réaliser les meilleurs sandwichs que vous ayez jamais dégustés !

Lard de poitrine à l'américaine

L'AVANTAGE DE CE TYPE DE LARD, C'EST QUE, LORSQUE VOUS LE FEREZ FRIRE OU GRILLER, IL VA DEVENIR TRÈS CROUSTILLANT TOUT EN RESTANT PLAT. EN FERMANT LES YEUX, VOUS AUREZ LA SENSATION DE VOUS RETROUVER À UNE TABLE NEW-YORKAISE !

INGRÉDIENTS POUR 1 KG DE POITRINE DÉSOSSÉE
50 g de sel nitrité pour salaison (contenant 0,6 % de nitrite de sodium et 0,8 % de nitrate de potassium)
4 g de dextrose
4 g d'ascorbate de sodium

✱ Mélangez 50 cl d'eau chaude dans un récipient inoxydable avec tous les autres ingrédients. Laissez refroidir cette saumure.

✱ Plongez la poitrine dans la saumure et réservez-la de 3 à 4 jours au réfrigérateur.

✱ Retirez la poitrine de la saumure et laissez-la sécher quelques heures sur une grille dans un endroit frais et aéré.

✱ Fumez la poitrine dans un fumoir à 65 °C jusqu'à ce que le cœur de la viande atteigne 55 °C. Laissez refroidir, puis coupez en tranches fines.

Pancetta aux moules et à l'orzo

LA JOUE ET LA GORGE SONT DES MORCEAUX DU PORC PARFOIS OUBLIÉS, SAUF POUR CONFECTIONNER DES SAUCISSES OU DES PÂTÉS. POURTANT, ILS PERMETTENT D'OBTENIR D'EXCELLENTES PANCETTAS CONTENANT JUSTE LA BONNE QUANTITÉ DE GRAISSE. LÉGÈREMENT FUMÉES, ELLES SONT ENCORE PLUS SAVOUREUSES. DANS CETTE RECETTE PARFAITEMENT ÉQUILIBRÉE, LA PANCETTA GRILLÉE EST ACCOMPAGNÉE D'UNE SAUCE TOMATE RICHE EN GOÛT, DE MOULES ET DE PETITES PÂTES.

Pour 4 personnes   Préparation : 20 min   Cuisson : 30 min

4 cuil. à soupe d'huile d'olive
350 g de pancetta fumée, de préférence à base de joue ou de gorge de porc, coupée en tranches très fines
250 g de pâtes orzo (en forme de de grains de riz) cuites
350 g de moules cuites décoquillées
4 cuil. à soupe de basilic frais finement ciselé
4 cuil. à soupe de persil frais finement ciselé
sel et poivre noir du moulin

SAUCE TOMATE
4 cuil. à soupe d'huile d'olive
1 gros oignon finement émincé
2 gousses d'ail finement émincées
1 verre de vin blanc sec
2 cuil. à soupe de concentré de tomate
400 g de tomates concassées en boîte
2 tomates fraîches mûres coupées en dés
2 cuil. à soupe vinaigre de vin, blanc ou rouge
1 cube (10 g) de bouillon de légumes émietté
1 cuil. à soupe de sucre en poudre
sel et poivre

✱ Préparez la sauce tomate. Faites chauffer l'huile dans une casserole à feu moyen. Faites suer l'oignon et l'ail de 3 à 4 min en remuant souvent.

✱ Ajoutez le vin et le concentré de tomate, remuez 5 min, puis incorporez tous les autres ingrédients, du sel et du poivre. Mélangez bien, portez à frémissements, puis baissez le feu laissez épaissir cette sauce 10 min sur feu doux à moyen.

✱ Pour cuire la pancetta, faites chauffer l'huile d'olive dans une sauteuse à feu moyen. Faites-y griller les tranches de pancetta 3 min environ en les retournant souvent. Ajoutez la sauce tomate et laissez mijoter 5 min.

✱ Incorporez les pâtes et les moules. Laissez réchauffer de 2 à 3 min, puis incorporez les herbes et rectifiez l'assaisonnement. Servez aussitôt, très chaud.

Spaghetti à la pancetta, à la mozzarella et aux petits pois

CETTE RECETTE FACILE ET RAPIDE À RÉUSSIR, ÉGAYÉE PAR LE VERT VIF DES PETITS POIS ET PARFUMÉE DE MENTHE FRAÎCHE, EST IDÉALE POUR UN REPAS FAMILIAL ÉQUILIBRÉ. ELLE VOUS PRENDRA PEU DE TEMPS SI VOUS AVEZ EN RÉSERVE DES PETITS POIS SURGELÉS, DE LA MOZZARELLA ET, BIEN SÛR, DE LA PANCETTA !

Pour 4 personnes   Préparation : 15 min   Cuisson : 15 min

350 g de spaghetti
sel
200 g de pancetta coupée en petits dés
2 gousses d'ail écrasées
250 g de petits pois surgelés
4 cuil. à soupe d'huile d'olive vierge extra
1 cube (10 g) de bouillon de légumes émietté délayé dans 10 cl d'eau bouillante
4 cuil. à soupe de menthe fraîche finement ciselée
250 g de mozzarella coupée en dés
poivre noir du moulin

✻ Faites cuire les spaghetti à l'eau bouillante salée selon les indications portées sur leur emballage pour les garder al dente. Égouttez-les rapidement et réservez-les au chaud.

✻ Pendant ce temps, faites chauffer une poêle antiadhésive à feu moyen. Faites-y dorer les dés de pancetta jusqu'à ce qu'ils soient croustillants, puis ajoutez l'ail et remuez 2 min. Retirez du feu et réservez au chaud.

✻ Plongez les petits pois surgelés dans une grande quantité d'eau bouillante salée. Laissez-les cuire 3 min, égouttez-les, puis rincez-les sous de l'eau très froide pour préserver leur couleur.

✻ Mixez la moitié des petits pois avec l'huile et le bouillon délayé jusqu'à obtenir une sauce épaisse et homogène.

✻ Mettez les spaghetti dans un saladier avec la menthe, le reste des petits pois entiers, les dés de pancetta à l'ail, la sauce aux petits pois bien chaude et la mozzarella. Mélangez bien, puis rectifiez l'assaisonnement en sel et poivre.

✻ Servez aussitôt, avec du pain à l'ail et, éventuellement, une salade de tomates.

Sandwichs à la baconaise

L'AVANTAGE DE CES SANDWICHS, C'EST QU'ILS SE PRÉPARENT EN UN RIEN DE TEMPS, SURTOUT SI VOUS POSSÉDEZ DÉJÀ TOUS LES INGRÉDIENTS EN RÉSERVE !

Pour 4 personnes   Préparation : 10 min   Cuisson : 15 min environ

16 fines tranches de lard de poitrine
6 cuil. à soupe de mayonnaise
1 cuil. à soupe de chutney à la mangue
1 cuil. à soupe de persil plat grossièrement ciselé
1 cuil. à café de moutarde mi-forte
8 tranches de pain aux céréales

✻ Faites chauffez une grande poêle antiadhésive à feu moyen. Faites-y revenir à sec la moitié des tranches de lard 8 à 10 min en les retournant à mi-cuisson. Transférez-les à l'écumoire sur un plat, couvrez-les de papier d'aluminium et réservez-les au chaud.

✻ Mettez le reste des tranches de lard dans la poêle et montez le feu. Faites intensément griller (en veillant à ne pas les laisser brûler) de 4 à 5 min en le retournant souvent : elle doivent devenir très croustillantes. Laissez-les tiédir, puis détaillez-les en très petits dés.

✻ Mélangez intimement la mayonnaise dans une jatte avec le chutney, le persil et la moutarde, puis incorporez-y les dés de lard grillé. Répartissez cette sauce baconaise sur les tranches de pain. Déposez les tranches de poitrine réservées au chaud sur 4 tranches de pain, recouvrez des autres tranches, sauce baconaise en bas, coupez les sandwichs en deux dans la diagonale et servez-les aussitôt.

Bouchées de lard de poitrine aux pruneaux

CETTE RECETTE ANCIENNE, PROBABLEMENT INVENTÉE À LA FIN DU XIXE COMME EN ATTESTENT DE VIEUX LIVRES DE CUISINE, EST AUJOURD'HUI ACTUALISÉE, LE PÂTÉ LUI CONFÉRANT UNE RONDEUR EN BOUCHE DES PLUS AGRÉABLES.

Pour 4 personnes   Préparation : 10 min   Cuisson : 4 à 6 min

8 pruneaux dénoyautés
100 g du pâté de votre choix
8 tranches de lard de poitrine très fines et fumé à sec
2 cuil. à soupe d'huile d'olive
1 citron coupé en deux

✻ Ouvrez légèrement les pruneaux, répartissez le pâté dans leur cavité, puis refermez-les bien.

✻ Répartissez les tranches de poitrine côte à côte sur le plan de travail. Déposez un pruneau à l'extrémité de chacune d'elles, puis roulez-les pour enfermer les pruneaux. Fixez les bouchées avec une pique en bois.

✻ Faites chauffer l'huile dans une poêle à feu moyen. Faites-y dorer les bouchées de 2 à 3 min de chaque côté. Servez-les chaudes avec les demi-citrons : chacun les pressera sur ses bouchées avant de les déguster.

Clubs sandwichs au bacon, à la laitue et à la tomate

L'ALLIANCE DU BACON CROUSTILLANT AVEC DU PAIN MOELLEUX, DE LA SALADE CROQUANTE ET DES TOMATES JUTEUSES FAIT MERVEILLE DANS CES SANDWICHS ASSAISONNÉE D'UNE SUCCULENTE MAYONNAISE AU CURRY SUBTILEMENT SUCRÉE-SALÉE.

Pour 2 personnes   Préparation : 15 min   Cuisson : 15 min

8 tranches de lard de poitrine à l'américaine (voir page 110)
6 grandes tranches de pain de mie
50 g de beurre ramolli
4 cuil. à soupe de mayonnaise
1 cuil. à soupe de miel liquide
½ cuil. à café de pâte de curry de Madras
1 cuil. à soupe de ciboulette hachée
2 grosses tomates olivettes bien mûres coupées en tranches épaisses
75 g de laitue romaine finement ciselée
poivre noir du moulin

✱ Faites griller les tranches de lard (sur un gril ou dans une poêle antiadhésive bien chaude) jusqu'à ce qu'elles soient croustillantes en veillant à ne pas les laisser brûler.

✱ Faites légèrement griller les tranches de pain de mie au grille-pain, puis beurrez-les aussitôt afin de permettre au beurre de fondre au contact du pain chaud.

✱ Placez 2 tranches de pain de mie, beurre dessus, sur le plan de travail. Déposez 4 tranches de lard grillé sur chacune d'elles.

✱ Mélangez la mayonnaise dans une jatte avec le miel, la pâte de curry et la ciboulette. Répartissez la moitié de cette sauce sur les tranches de lard, puis recouvrez des rondelles de tomates.

✱ Ajoutez une tranche de pain sur chaque sandwich (beurre dessous). Répartissez-y la salade, puis le reste de la sauce. Poivrez au moulin, puis couvrez des dernières tranches de pain (beurre dessus).

✱ Pressez légèrement les sandwichs du plat de la main, puis coupez-les dans la diagonale. Maintenez-les fermés avec une pique en bois et servez-les aussitôt, encore chauds.

Pommes de terre sautées au lard de poitrine et aux navets

J'AI IMAGINÉ CETTE RECETTE TRÈS SIMPLE IL Y A PEU DE TEMPS, LORS D'UN SÉJOUR EN NORVÈGE. ET J'EN SUIS TRÈS SATISFAIT TANT ELLE EST GOÛTEUSE. LA DOUCEUR DES NAVETS BLANCS PRIMEURS S'ALLIE DÉLICIEUSEMENT AVEC LE LARD FUMÉ, D'AUTANT PLUS SI CE DERNIER EST D'EXCELLENTE QUALITÉ. LES NORVÉGIENS APPRÉCIENT TELLEMENT CES NAVETS QU'ILS LES CROQUENT, CRUS, COMME DES POMMES...

Pour 4 personnes   Préparation : 20 min   Cuisson : 20 à 25 min

500 g de lard de poitrine fumé coupé en cubes de 2 à 3 cm de côté
1 gros oignon finement émincé
2 gousses d'ail finement émincées
500 g de petites pommes de terre nouvelles cuites à la vapeur et coupées en deux
250 g de petits navets blancs primeurs pelés cuits à la vapeur et coupés en deux
sel et poivre noir du moulin
4 cuil. à soupe d'aneth frais finement ciselé
6 cuil. à soupe de mayonnaise

* Faites chauffer une sauteuse antiadhésive à feu moyen. Faites-y revenir les cubes de lard à sec de 5 à 6 min en les retournant souvent, jusqu'à ce que leur graisse commence à fondre. Transférez-les à l'écumoire sur un plat, couvrez-les d'aluminium et réservez-les au chaud.

* Mettez l'oignon et l'ail dans la sauteuse. Faites-les suer 2 min en remuant pour bien les imprégner de la graisse rendue par le lard.

* Ajoutez les pommes de terre et les navets. Poursuivez la cuisson 5 min environ en remuant de temps en temps, puis remettez les cubes de lard dans la sauteuse. Laissez cuire encore 10 min environ jusqu'à obtenir une jolie coloration dorée. Salez, poivrez et mélangez bien.

* Versez le contenu de la sauteuse dans un plat creux. Parsemez de l'aneth et servez, très chaud, avec la mayonnaise.

Moules au bacon et à la bière

LORS D'UN VOYAGE EN NAMIBIE, J'AI DÉCOUVERT CETTE RECETTE PRÉPARÉE AVEC LES PLUS GROSSES MOULES QUE J'EUS JAMAIS VUES ! CUITES SUR UN BRAAI, BARBECUE À BOIS TRADITIONNEL SUD-AFRICAIN, AVEC DE LA TAFEL, EXCELLENTE BIÈRE LOCALE, ELLES M'ONT PERMIS DE FAIRE UN DÉJEUNER FANTASTIQUE !

Pour 4 personnes   Préparation : 10 min   Cuisson : 25 min environ

250g de bacon fumé découenné coupé en dés de 1 cm de côté
1 gros oignon finement émincé
1 kg de moules nettoyées (éliminez celle qui resteraient ouvertes)
35 cl de bière blonde
sel et poivre noir du moulin

✱ Faites chauffer une marmite à feu moyen. Faites-y revenir les dés de bacon 10 min en remuant de temps en temps jusqu'à ce qu'ils soient bien dorés et que leur graisse commence à fondre.

✱ Ajoutez l'oignon, mélangez bien et poursuivez la cuisson 5 min environ sans laisser colorer l'oignon.

✱ Mettez les moules et la bière dans la marmite. Montez le feu et couvrez. Laissez cuire de 7 à 8 min en secouant souvent la marmite jusqu'à ce que les moules soient ouvertes (jetez celles qui resteraient fermées).

✱ Répartissez les moules et les dés de bacon à l'écumoire dans 4 assiettes creuses de service. Rectifiez l'assaisonnement en sel du jus de cuisson, puis versez-le à la louche sur les moules. Poivrez au moulin et servez aussitôt, avec de la baguette croustillante.

Petites galettes au bacon et au maïs et salsa de tomates persillée

TRÈS AGRÉABLES À GRIGNOTER DU BOUT DES DOIGTS, CES GALETTES SONT FORT APPRÉCIÉES DE TOUS, GRANDS OU PETITS (MES ENFANTS LES ADORENT !). C'EST AUSSI UNE BONNE FAÇON D'UTILISER UN RESTE DE BACON, VOIRE DE LARD DE POITRINE OU DE JAMBON FUMÉ.

Pour 4 personnes   Préparation : 20 min   Repos : 20 min   Cuisson : 5 min environ par fournée

2 blancs d'œufs + 1 jaune d'œuf + 1 œuf entier légèrement battu
100 g de farine tamisée
sel et poivre noir du moulin
5 cuil. à soupe de lait
4 à 6 fines tranches de bacon fumé découennées
200 g de grains de maïs doux au naturel en boîte égouttés
2 petites échalotes finement émincées
1 pincée de cumin en poudre
1 cuil. à soupe de ciboulette finement ciselée
1 l d'huile de friture

SALSA
200 g de tomates cocktail coupées en dés
1 petit oignon rouge finement émincé
2 cuil. à soupe de persil plat grossièrement ciselé
2 cuil. à soupe d'huile d'olive
sel et poivre du moulin

✱ Mettez les blancs d'œufs dans une jatte et réservez-les. Mettez le jaune d'œuf et l'œuf entier battu dans un saladier.

✱ Incorporez la farine versée en pluie, du sel et du poivre au contenu du saladier en fouettant, puis délayez avec le lait en fouettant jusqu'à obtention d'une pâte épaisse et homogène. Laissez-la reposer 20 min à température ambiante.

✱ Pendant ce temps, faites griller les tranches de bacon à sec dans une grande poêle antiadhésive jusqu'à ce qu'elles deviennent croustillantes. Laissez-les légèrement refroidir, puis coupez-les en petits dés.

✱ Préparez la salsa en mélangeant intimement tous les ingrédients dans un grand bol avec du sel et du poivre. Couvrez-la de film alimentaire et réservez-la à température ambiante jusqu'au moment de servir.

✱ Ajoutez les grains de maïs, les échalotes, le cumin, les dés de bacon et la ciboulette à la pâte. Mélangez bien.

✱ Faites chauffer l'huile dans une friteuse (ou une grande sauteuse) à 170 °C.

✱ Fouettez les blancs d'œufs contenus dans la jatte avec 1 pincée de sel pour obtenir une neige ferme. Incorporez délicatement cette dernière à la pâte en soulevant la masse à la spatule. Façonnez cette pâte en petites galettes entre vos mains préalablement humidifiées.

✱ Plongez les galettes dans l'huile, par petites quantités à la fois, et faites-les dorer de 4 à 6 min de chaque côté. Transférez-les au fur et à mesure sur du papier absorbant.

✱ Servez ces galettes chaudes accompagnées de la salsa et régalez-vous !

Salade tiède au bacon et à l'ail rôti

TRÈS SAVOUREUSE, CETTE SALADE NE PRÉSENTE AUCUNE DIFFICULTÉ. NE VOUS INQUIÉTEZ PAS DE LA QUANTITÉ D'AIL QUI LA COMPOSE : UNE FOIS RÔTI IL PERD DE SON AGRESSIVITÉ POUR NE GARDER QUE SON ARÔME. POUR DÉGUSTER LA PULPE DES GOUSSES RÔTIES, IL SUFFIT DE LES PRESSER ENTRE SES DOIGTS.

Pour 4 personnes   Préparation : 20 min   Cuisson : 20 à 25 min

2 têtes d'ail
sel
20 petites pommes de terre nouvelles cuites à la vapeur et refroidies
100 g de feuilles de cresson
130 g de mesclun
2 cuil. à soupe d'huile végétale
12 tranches de bacon découennées coupées en carrés de 2 cm de côté

CITRONNETTE
le jus de ½ citron
2 cuil. à café de moutarde à l'ancienne
sel et poivre noir du moulin
1 pincée de sucre en poudre
3 cuil. à soupe d'huile d'olive vierge extra

✱ Détachez les gousses des têtes d'ail, puis coupez leurs racines aux ras des gousses.

✱ Faites blanchir les gousses d'ail 3 min dans de l'eau bouillante salée, puis égouttez-les.

✱ Coupez les pommes de terre en deux dans le sens de la longueur. Mélangez le cresson et le mesclun dans un saladier.

✱ Faites chauffer l'huile dans une sauteuse à feu moyen. Faites-y cuire le bacon 10 min environ en remuant : il doit être bien croustillant sans brûler.

✱ Ajoutez les gousses d'ail et les pommes de terre. Poursuivez la cuisson de 5 à 10 min en retournant souvent les tranches de bacon jusqu'à ce qu'elles soient bien dorées.

✱ Pendant ce temps, préparez la citronnette. Mélangez le jus de citron dans un bol avec la moutarde, du sel, du poivre et le sucre, puis émulsionnez avec l'huile en fouettant. Versez-la dans le saladier et mélangez bien avec la salade.

✱ Répartissez les pommes de terre, les gousses d'ail et le bacon sur 4 assiettes de service, puis recouvrez-les du contenu du saladier. Servez immédiatement.

Gratin de pommes de terre au chou et au bleu

CE DÉLICIEUX GRATIN CONSTITUE UN PLAT COMPLET IDÉAL LORS D'UN REPAS FAMILIAL, SURTOUT SI VOUS L'ACCOMPAGNEZ D'UNE SALADE DE MESCLUN ASSAISONNÉE D'UNE VINAIGRETTE MOUTARDÉE.

Pour 4 à 6 personnes   Préparation : 20 min   Cuisson : 1 h 15

25 g de beurre
1 cuil. à soupe d'huile d'olive
le cœur de ½ petit chou de Milan très finement émincé
2 cuil. à soupe d'huile végétale + un peu plus pour le plat à gratin
200 g de lard de poitrine coupé en petits dés
600 g de pommes de terre moyennes pelées et coupées en rondelles de 5 mm d'épaisseur
sel et poivre noir du moulin
150 g de bleu de Bresse coupé en dés

✱ Faites chauffer le beurre et l'huile d'olive dans une casserole à feu moyen. Faites-y suer le chou 15 min en remuant de temps en temps, puis versez-le dans une passoire et laissez-le bien s'égoutter.

✱ Préchauffez le four à 200 °C (th. 6-7).

✱ Faites chauffer l'huile végétale dans une sauteuse à feu moyen. Faites-y dorer les dés de poitrine jusqu'à ce qu'ils commencent à rendre leur graisse. Transférez-les à l'écumoire sur le chou contenu dans la passoire.

✱ Mélangez les rondelles de pommes de terre avec la graisse rendue par le lard dans la sauteuse, puis retirez du feu.

✱ Huilez un plat à gratin métallique de 28 cm de diamètre au pinceau. Répartissez-y le tiers des rondelles de pommes de terre en les chevauchant légèrement, du sel, du poivre, puis la moitié du chou au lard et la moitié des dés de fromage. Recommencez une fois cette opération, puis recouvrez le contenu du plat du dernier tiers des rondelles de pommes de terre. Salez et poivrez-les.

✱ Couvrez de papier d'aluminium, puis enfournez pour 50 min. Retirez ensuite l'aluminium et poursuivez la cuisson 10 min environ pour bien dorer la surface du gratin.

✱ Sortez le gratin du four. Couvrez-le à nouveau d'aluminium, puis pressez-le légèrement du plat de la main protégée d'un gant de cuisine (pour ne pas vous brûler !) Laissez-le reposer 10 min avant de le servir, éventuellement avec une salade de mesclun.

CHAPITRE 5 # Saucisses

Selon Mark Twain, « Ceux qui respectent les lois et aiment les saucisses ne devraient jamais chercher à savoir comment sont fabriquées ni les unes, ni les autres. » Cette citation reste, depuis vingt ans, gravée dans ma mémoire et je m'y réfère à chaque fois que la question se pose. Je considère la confection de saucisses comme une certaine forme d'art et je ne propose aucune réponse complète à qui voudrait savoir comment je procède. Mais j'encourage chacun à venir examiner le processus et la composition, estimant qu'il est important que tout consommateur soit informé sur ce qu'il achète, surtout lorsque la grande distribution pèse de tout son poids pour abaisser le coût de la nourriture.

Pour moi, cette confection, même dans le cadre de mon travail, ressort d'un engagement personnel. Aussi, plutôt que de détailler des recettes raffinées par des années de perfectionnement, je préfère rappeler les grands principes de base que chacun adaptera à son goût.

Depuis trop longtemps, les saucisses sont considérées par les Anglais comme une façon peu coûteuse de nourrir sa famille et, pour le boucher, un procédé pour utiliser les bas morceaux. Ce qui ne fut jamais le point de vue de leurs voisins européens. Pour eux, les saucisses constituent un chapitre important du répertoire gastronomique nécessitant des ingrédients de choix et un strict contrôle. Ce qui nous amena à nous interroger… En pratiquant un étiquetage efficace et une solide information sur la qualité des produits, ils rattrapent leur retard. Désormais, ils sont même capables d'égaler des classiques comme la bratwurst allemande ou la saucisse de Toulouse française.

En général, les saucisses européennes ne contiennent que de la viande et de l'eau, voire seulement de la viande, ce qui les rend beaucoup plus denses que les modèles britanniques. – Simon

Cuisson des saucisses

CUIRE LES SAUCISSES EST TOUT UN ART MÊME S'IL NE DÉPEND
QUE DE QUELQUES FACTEURS. UN JOUR, UN CHEF ME DÉCLARA
QU'IL NE FALLAIT JAMAIS PIQUER UNE SAUCISSE, MAIS SANS
ME DONNER D'EXPLICATION ET JE NE SUIS PAS SÛR
DE COMPRENDRE POURQUOI IL A VOULU ME DIRE CELA...
POUR CERTAINES VARIÉTÉS, EN EFFET, LES PIQUER
LES EMPÊCHE D'ÉCLATER.

✱ Selon moi, il existe quatre procédés pour les cuire : grillées, poêlées, au four ou au barbecue. Quelques variétés, comme les boudins blancs ou noirs, sont souvent cuites à feu doux. Mais je préfère les faire frire dans un four chaud ou sous un gril, en les retournant pour les dorer de tous côtés. Ce qui évite aussi qu'elles se fissurent... sauf si vous dépassez le temps de cuisson nécessaire. Vous pourrez vérifier aisément les stades de manque ou d'excès de cuisson au simple aspect de vos saucisses.

✱ Il va sans dire que la qualité des produits de base est essentielle. J'ai remarqué que les saucisses de Simon cuisaient à merveille, ce qui était sans nul doute dû à leur bon pourcentage de viande et de graisses ainsi qu'à l'apport éventuel de chapelure à base de biscottes écrasées. Trop de chapelure et elles se dessèchent, pas assez et elles se délitent. Par ailleurs, la qualité de la peau qui les enveloppe fait la différence lors de la cuisson. Simon, à juste titre, n'utilise que du boyau naturel.

✱ Dernier point à souligner : ne jamais plonger vos saucisses dans une friture, ce qui les gâterait irrémédiablement tant sur l'apparence que pour le goût. — Phil

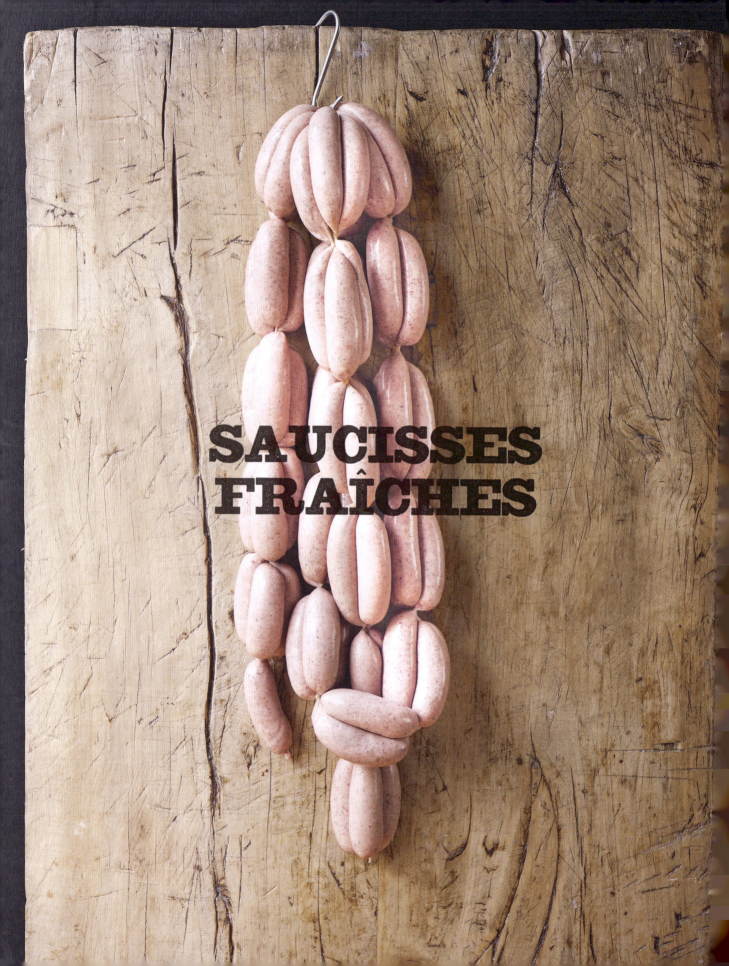

Saucisses anglaises

IL Y A TROIS IMPÉRATIFS POUR RÉUSSIR DE BONNES SAUCISSES. TOUT D'ABORD UTILISER DE LA VIANDE DE PORC, ÉPAULE OU POITRINE, D'EXCELLENTE QUALITÉ DONT LA TENEUR EN MATIÈRE GRASSE EST DE 25 %. ENSUITE L'ASSAISONNEMENT : COMPTEZ 18 G DE SEL ET 3 G DE POIVRE BLANC FRAÎCHEMENT MOULU POUR 750 G À 1 KG DE VIANDE. ENFIN, LE LIANT. POUR MA PART, J'UTILISE DE LA CHAPELURE DE BISCOTTES À HAUTEUR DE 10 % MAXIMUM DU MÉLANGE TERMINÉ. POUR PERSONNALISER VOS SAUCISSES « MAISON », VOUS POUVEZ Y INTÉGRER DES ÉPICES ET DES AROMATES, SELON VOTRE GOÛT. LA RECETTE QUI SUIT DÉROULE LES INGRÉDIENTS LES PLUS SOUVENT UTILISÉS.

Pour 1 kg de saucisses

750 g de viande de porc (poitrine ou épaule désossées) à 25 % de matière grasse
18 g de sel
3 g de poivre blanc fraîchement moulu
100 g de chapelure fine
boyau de porc pour saucisses nettoyé et prêt à l'emploi

PARMI LES ÉPICES ET AROMATES QUI SUIVENT, CHOISISSEZ VOS PRÉFÉRÉS POUR PERSONNALISER VOS SAUCISSES
2 g de sauge séchée
1 g de noix de muscade en poudre
1 g de macis en poudre
0,5 g de gingembre en poudre
2 g de thym séché
2 g paprika
1 g de flocons de piment séché
3 g de poudre d'ail
2 g de poivre noir grossièrement moulu (poivre mignonnette)

✱ Assurez-vous que la viande, bien froide, est parfaitement débarrassée de tous ses os, cartilages et tendons, puis hachez-la avec un hachoir à viande muni d'une grille à trous de 10 à 13 mm de diamètre en la recueillant dans une jatte.

✱ Mélangez le sel avec le poivre, la chapelure, les épices et aromates que vous avez choisi et 15 cl d'eau très froide dans un saladier et laissez reposer jusqu'à ce que l'eau soit totalement absorbée par les autres ingrédients. Ajoutez à la viande hachée et pétrissez jusqu'à obtenir une consistance homogène et collante.

✱ Passez à nouveau dans le hachoir cette fois muni d'une grille à trous de 5 mm de diamètre, puis formez les saucisses en remplissant le boyau et en tortillant ce dernier entre chaque saucisse (de 10 à 13 cm) pour bien les séparer. Tortillez de même les extrémités du chapelet de saucisses. Réservez ce dernier jusqu'à 2 jours au réfrigérateur avant de cuire les saucisses, après les avoir séparées.

✱ Une fois séparées, les saucisses peuvent être congelées, de préférence emballées sous vide, pour une utilisation ultérieure.

Saucisses au poireau et au bleu

CETTE RECETTE RUSTIQUE FAIT MERVEILLE DANS LA RECETTE DE FAR AUX SAUCISSES (VOIR PAGE 141).

Pour 1 kg de saucisses

1/3 de poireau environ, nettoyé et émincé
750 g d'épaule de porc désossée
18 g de sel
3 g de poivre blanc moulu
100 g de chapelure de biscotte
50 g de fromage bleu (stilton ou bleu de bresse) coupé en dés
boyau de porc

* Faites suer le poireau dans une poêle antiadhésive, à feu doux, jusqu'à ce qu'il soit tendre. Égouttez-le et laissez-le refroidir.

* Hachez l'épaule avec un hachoir à viande muni d'une grille à trous de 8 mm de diamètre en la recueillant dans un saladier.

* Mélangez le sel dans une jatte avec le poivre, la chapelure et 15 cl d'eau glacée jusqu'à ce que la chapelure ait absorbé toute l'eau.

* Ajoutez ce mélange à la viande hachée avec les poireaux et le fromage en pétrissant jusqu'à consistance homogène et collante.

* Formez les saucisses en remplissant le boyau et en tortillant ce dernier entre chaque saucisse (de 10 à 13 cm) pour bien les séparer.

Saucisses aux abricots et au gingembre

CES SAUCISSES ORIGINALES SONT EXCELLENTES CUITES AU BARBECUE.

Pour 1 kg de saucisses

750 g d'épaule de porc désossée
18 g de sel
3 g de poivre blanc moulu
2 g de gingembre en poudre
100 g de chapelure de biscotte
50 g d'abricots séchés coupé en dés
boyau de porc

Suivez la recette des Saucisses au poireau et au bleu de la page 134 en ajoutant le gingembre au sel et au poivre et en remplaçant les poireaux par les abricots.

Saucisses du Cumberland

TRÈS POPULAIRE AU ROYAUME-UNI, CETTE RECETTE DISPOSE DE MULTIPLES VARIANTES. JE VOUS EN PROPOSE LA MIENNE, EN ESPÉRANT QU'ELLE SAURA VOUS SÉDUIRE !

Pour 1 kg de saucisses

900 g d'épaule de porc désossée
18 g de sel
3 g de poivre blanc moulu
2 g de poivre mignonnette
2 g de sauge séchée
51 g de chapelure de biscotte
boyau de porc

Suivez la recette des Saucisses au poireau et au bleu de la page 134 en ajoutant le poivre mignonnette et la sauge au sel et au poivre blanc moulu et n'utilisant que 50 g de chapelure et 5 cl d'eau glacée.

Saucisses épicées à l'italienne

LES GRAINES DE FENOUIL DONNENT TOUT LEUR CARACTÈRE À CES SAUCISSES BIEN RELEVÉES SANS ÊTRE EXCESSIVEMENT PIQUANTES. ELLES SONT IDÉALES LORS D'UN BARBECUE ESTIVAL !

Pour 1 kg de saucisses

1 kg d'épaule de porc désossée
18 g de sel
3 g de graines de fenouil grossièrement concassées
2 g de poivre blanc moulu
2 g de paprika fort
2 g d'ail en poudre
1 g de flocons de piment séché
boyau de porc

✱ Hachez l'épaule avec un hachoir à viande muni d'une grille à trous de 8 mm de diamètre en la recueillant dans un saladier.

✱ Mélangez le sel dans une jatte avec le fenouil, le poivre, le paprika, l'ail et le piment.

✱ Ajoutez ce mélange à la viande hachée en pétrissant jusqu'à consistance homogène et collante.

✱ Formez les saucisses en remplissant le boyau et en tortillant ce dernier entre chaque saucisse (de 10 à 13 cm) pour bien les séparer. Vous pouvez les réserver jusqu'à 2 jours au réfrigérateur avant de procéder à leur cuisson ou les congeler pour une utilisation ultérieure.

Bratwurst

BRATWURST EST UN TERME GÉNÉRIQUE QUI DÉSIGNE LES SAUCISSES ALLEMANDES, TRADITIONNELLEMENT PRÉPARÉES À BASE DE PORC ET DE VEAU. DE NUREMBERG OU DE THURINGE, ELLES DIFFÈRENT PAR LEUR ASSAISONNEMENT MAIS, CONTRAIREMENT AUX SAUCISSES ANGLO-SAXONNES, NE POSSÈDENT PAS DE CHAPELURE. DANS MA RECETTE, JE N'UTILISE QUE DU PORC.

Pour 1 kg de saucisses

300 g d'épaule de porc désossée
600 g de poitrine de porc désossée
18 g de sel
2 g de sucre en poudre
2 g de poivre blanc moulu
1 g de noix de muscade râpée
1 g de gingembre en poudre
1 g d'origan séché
0,5 g de macis en poudre
boyau de porc

✱ Hachez l'épaule et la poitrine avec un hachoir à viande muni d'une grille à trous de 5 mm de diamètre en recueillant la viande dans un saladier.

✱ Mélangez le sel dans une jatte avec le sucre, le poivre, la muscade, le gingembre, l'origan, le macis et 10 cl d'eau glacée jusqu'à ce que cette dernière soit totalement absorbée par les autres ingrédients.

✱ Ajoutez ce mélange à la viande hachée en pétrissant jusqu'à consistance homogène et collante.

✱ Passez à nouveau au hachoir muni de la même grille pour bien lier tous les ingrédients.

✱ Formez les saucisses en remplissant le boyau et en tortillant ce dernier entre chaque saucisse (de la taille souhaitée) pour bien les séparer.

✱ Réfrigérez les saucisses pour au moins 12 h pour permettre aux épices de bien parfumer la viande.

✱ Faites pocher les saucisses 25 min dans de l'eau tout juste frémissante, puis égouttez-les et épongez-les dans du papier absorbant. Elles sont alors prêtes à cuire, poêlées au beurre, sur un gril ou au barbecue.

Bratwurst de Nuremberg

DANS CES SAUCISSES ALLEMANDES DES PLUS RENOMMÉES, ON N'AJOUTE PAS D'EAU À LA VIANDE DE PORC, EXCLUSIVEMENT CONSTITUÉE D'ÉCHINE, MAIS UN ŒUF BATTU POUR ASSURER LA LIAISON. DE PLUS, ELLES SONT ENVELOPPÉES DE BOYAU DE MOUTON À LA PLACE DU TRADITIONNEL BOYAU DE PORC. ELLES SE SAVOURENT POÊLÉES, ÉVIDEMMENT ACCOMPAGNÉES DE BIÈRE !

Pour 1 kg de saucisses

1 kg d'échine de porc désossée
18 g de sel
2 g de poivre blanc moulu
0,5 g de noix de muscade râpée

1 g d'origan séché
1 œuf battu
boyau de mouton

✱ Hachez l'épaule et la poitrine avec un hachoir à viande muni d'une grille à trous de 5 mm de diamètre en recueillant la viande dans un saladier.

✱ Mélangez le sel dans une jatte avec le poivre, la muscade et l'origan. Ajoutez ce mélange à la viande hachée avec l'œuf battu en pétrissant jusqu'à consistance homogène et collante.

✱ Formez les saucisses en remplissant le boyau et en tortillant ce dernier entre chaque saucisse (de 13 cm de longueur) pour bien les séparer. Réserve-les 24 h au réfrigérateur avant de les cuire.

Bratwurst de Thuringe

UNE RECETTE ANCESTRALE, DÉCRITE DÈS 1613 DANS LES ARCHIVES DE CETTE PROVINCE ALLEMANDE. ON EN TROUVE DE NOMBREUSES VARIANTES MAIS, QUELLES QU'ELLES SOIENT, ELLES SONT AUJOURD'HUI SERVIES GRILLÉES, SUR UN GRIL OU UN BARBECUE, AVEC DE LA MOUTARDE, ÉVENTUELLEMENT DU KETCHUP, ET DE LA BIÈRE.

Pour 1 kg de saucisses

700 g d'épaule de porc désossée
300 g de poitrine de porc désossée
18 g de sel
2 g de poivre blanc moulu

1 g de graines de cumin
0,5 g de noix de muscade râpée
1 g d'origan séché
boyau de porc

✱ Hachez l'épaule et la poitrine avec un hachoir à viande muni d'une grille à trous de 5 mm de diamètre en recueillant la viande dans un saladier.

✱ Mélangez le sel dans une jatte avec le poivre, le cumin, la muscade et l'origan.

✱ Ajoutez ce mélange à la viande hachée avec 10 cl d'eau glacée en pétrissant jusqu'à consistance homogène et collante.

✱ Formez les saucisses en remplissant le boyau et en tortillant ce dernier entre chaque saucisse (de 15 cm de longueur) pour bien les séparer. Réservez-les 24 h au réfrigérateur avant de les cuire.

Bouchées feuilletées aux châtaignes et aux abricots

DÉLICIEUSES À L'APÉRITIF, CES BOUCHÉES CROUSTILLANTES RÉGALERONT VOS CONVIVES AVANT UN REPAS RAFFINÉ. POUR MA PART, JE LES PROPOSE À NOËL ET ELLES ONT TOUJOURS UN GRAND SUCCÈS !

Pour 24 bouchées   Préparation : 20 min   Réfrigération : 20 min   Cuisson : 20 à 25 min

500 g de pâte feuilletée pré-étalée
1 œuf battu

GARNITURE
500 g de chair à saucisse d'excellente qualité (de à 15 à 20 % de matière grasse)
2 pincées de sel
150 g d'abricots séchés très finement émincés
100 g de châtaignes pelées conservées sous vide très finement émincées
2 cuil. à soupe de sauge fraîche finement ciselée

✱ Mélangez intimement tous les ingrédients de la garniture dans un saladier jusqu'à consistance homogène.

✱ Déposez la pâte feuilletée sur le plan de travail tapissé de papier sulfurisé, puis coupez-la en bandes de 5 cm de large. Dorez-les au pinceau avec la moitié de l'œuf battu.

✱ À l'aide d'une poche à douille lisse, répartissez la garniture sur un des grands côtés les bandes de pâte, puis roulez ces dernières pour enfermer la garniture. Scellez les bords entre vos doigts préalablement humidifiés. Dorez les rouleaux au pinceau avec le reste de l'œuf battu. Réservez-les au moins 20 min au réfrigérateur.

✱ Préchauffez le four à 200 °C (th. 6-7).

✱ Découpez les rouleaux en 24 bouchées. Déposez-les côte à côte sur une plaque de cuisson tapissée de papier sulfurisé, puis enfournez-les pour 20 à 25 min jusqu'à ce qu'elles soient croustillantes et bien dorée. Servez-les chaudes, avec des piques en bois.

Far aux saucisses et sauce aux oignons

LE SECRET DE CETTE EXCELLENTE RECETTE RÉSIDE DANS LE FAIT D'UTILISER UNE SAUTEUSE À MANCHE AMOVIBLE ALLANT AU FOUR, PUIS D'Y DÉPOSER LES SAUCISSES AVANT DE LES RECOUVRIR DE LA PÂTE. EN SERVANT CE FAR AVEC LA SAUCE GOÛTEUSE AUX OIGNONS ET DE LA MOUTARDE, VOUS RECUEILLEREZ TOUS LES SUFFRAGES !

Pour 4 personnes   Préparation : 15 min   Cuisson : 1 h environ

115 g de farine tamisée
2 œufs battus
30 cl de lait
sel et poivre blanc du moulin
2 cuil. à soupe d'huile d'olive
4 saucisses du Cumberland (voir page 135)

SAUCE AUX OIGNONS
2 cuil. à soupe d'huile d'olive
3 gros oignons émincés
2 verres de vin rouge corsé
1 cuil. à café de thym frais finement ciselé
1 cuil. à soupe de farine
1,2 litre de consommé de bœuf très aromatique
2 cuil. à soupe de gelée de groseille
sel et poivre du moulin

✱ Préchauffez le four à 220 °C (th. 7-8).

✱ Préparez la sauce. Faites chauffer l'huile dans une casserole à feu moyen. Faites-y revenir les oignons 15 min en remuant. Ajoutez le vin et le thym. Poursuivez la cuisson jusqu'à l'évaporation presque complète du liquide. Incorporez la farine versée en pluie, puis ajoutez le consommé et la gelée. Mélangez bien et laissez épaissir 20 min environ. Rectifiez l'assaisonnement en sel (le consommé est déjà salé) et poivrez.

✱ Pendant ce temps, versez la farine dans un saladier et creusez un puits au centre. Ajoutez les œufs et la moitié du lait. Mélangez délicatement, du centre vers le bord, pour bien intégrer la farine aux ingrédients humides. Ajoutez le reste du lait, du sel et du poivre et mélangez vivement jusqu'à l'obtention d'une pâte lisse et homogène. Laissez-la reposer à température ambiante le temps de cuire les saucisses.

✱ Faites chauffer l'huile dans une sauteuse antiadhésive de 25 cm de diamètre à feu moyen. Faites-y rapidement dorer les saucisses en les retournant souvent, puis recouvrez-les de la pâte. Enfournez-les, puis réduisez aussitôt la température du four à 200 °C (th. 6-7).

✱ Laissez cuire de 25 à 35 min, jusqu'à ce que la pâte soit gonflée et bien dorée. Servez le far aussitôt, avec la sauce aux oignons bien chaude.

Saucisses braisées aux oignons et au vin rouges

UNE IDÉE AUSSI SIMPLE QUE SAVOUREUSE POUR SERVIR LES SAUCISSES, SURTOUT SI VOUS LES ACCOMPAGNEZ D'UNE PURÉE DE POMMES DE TERRE.

Pour 4 personnes   Préparation : 10 min   Cuisson : 35 min environ

2 cuil. à soupe d'huile végétale
8 saucisses de Cumberland (voir page 135) de 100 g chacune environ
6 oignons rouges finement émincés
2 cuil. à soupe de cassonade foncée
2 cuil. à soupe de sauce Worcestershire
1 grand verre de vin rouge corsé
2 cuil. à soupe de vinaigre de malt
sel et poivre noir du moulin

✱ Faites chauffer l'huile dans une sauteuse à feu moyen. Faites-y rapidement dorer les saucisses de tous côtés en les retournant souvent, puis transférez-les à l'écumoire sur un plat creux et réservez-les.

✱ Mettez les oignons dans la sauteuse. Faites-les suer quelques minutes en remuant, puis ajoutez le cassonade, la sauce Worcestershire, le vin, le vinaigre, du sel et du poivre. Mélangez bien et portez à frémissements. Couvrez et laissez mijoter 20 min.

✱ Incorporez les saucisses au contenu de la sauteuse. Poursuivez la cuisson 10 min environ à découvert jusqu'à ce que la sauce, épaisse et sirupeuse, nappe complètement les saucisses.

SAUCISSES FUMÉES

Préparées à base de viande de porc hachée et de sel nitrité pour salaison, ces saucisses peuvent être séchées, comme les saucissons secs, le salami ou le chorizo, émulsifiées pour les saucisses de Francfort utilisées dans les hot-dogs, ou légèrement fumées telles les andouilles ou le saucisson à l'ail.

Mon intérêt pour ce sujet débuta juste après l'ouverture de ma boucherie. Je ne réalisais pas alors l'importance de la popularité des saucisses fumées qui allait croissant dans le monde entier. Au fil des ans, j'ai expérimenté des centaines de recettes variées, mais celles qui suivent reflètent mes premières amours avec la saucisse fumée. Elles demeurent mes préférées. – Simon

La coloration dépend du processus de salaison : il est courant que, dans un premier temps, vos saucisses revêtent une désagréable teinte grise. Cependant, après 12 à 14 heures, le sel, le sucre et les ferments auront commencé à agir et vos saucisses présenteront finalement une agréable teinte rosée.

La réfrigération consiste à placer la viande au réfrigérateur réglé sur 1 à 2 °C jusqu'à ce que sa température intérieure atteigne 2 °C.

Andouilles

C'EST CUITES AU BARBECUE QUE J'APPRÉCIE PARTICULIÈREMENT LES ANDOUILLES FUMÉES, ACCOMPAGNÉES DE MOUTARDE AU MIEL.

Pour 1 kg d'andouilles

1 kg d'épaule de porc désossée complètement débarrassée de ses cartilages et de ses tendons
18 g de sel nitrité pour saumurage (contenant 0,6 % de nitrite de sodium)
4 g de poivre noir grossièrement moulu
2 g de piment en poudre
2 gousses (environ 8 g) d'ail écrasées au presse-ail
boyau de porc

✱ Hachez l'épaule avec un hachoir à viande muni d'une grille à trous de 5 mm de diamètre en la recueillant dans un saladier.

✱ Mélangez le sel dans un bol avec le poivre et le piment, puis ajoutez à la viande hachée avec l'ail et 10 cl d'eau glacée. Pétrissez jusqu'à consistance homogène et collante.

✱ Formez les andouilles en remplissant le boyau et en tortillant ce dernier entre chacune d'elles (de 10 à 13 cm) pour bien les séparer.

✱ Laissez sécher les andouilles 2 h à température ambiante, puis fumez-les à 76 °C jusqu'à ce que leur température interne atteigne 68 °C.

Saucissons à l'ail fumés de Brickhill

JE VOUS DÉLIVRE ICI MA RECETTE PERSONNELLE DE SAUCISSONS À L'AIL. ELLE DEMANDE UN PEU D'ATTENTION MAIS N'EST PAS SI DIFFICILE À RÉUSSIR QUE ÇA… VOUS M'EN DIREZ DES NOUVELLES !

Pour 1 kg de saucissons

1 kg de viande de porc désossée (épaule ou palette) et réfrigérée (voir page 144)
18 g de sel nitrité pour salaison (contenant 0,6 % de nitrite de sodium)
10 g de poudre d'ail
2 g de poivre blanc moulu
1 g de piment en poudre
50 g de miel liquide
boyau de porc

✱ Hachez le porc avec un hachoir à viande muni d'une grille à trous de 8 mm de diamètre en la recueillant dans un saladier.

✱ Mélangez la viande hachée avec le sel, l'ail, le poivre, le piment et le miel en pétrissant jusqu'à consistance homogène et collante.

✱ Formez les saucissons en remplissant le boyau et en tortillant ce dernier entre chacun d'eux pour bien les séparer. Réservez les saucissons 12 h au réfrigérateur pour permettre à l'assaisonnement de bien diffuser au travers de la viande.

✱ Suspendez les saucissons dans un fumoir jusqu'à ce qu'ils soient à température ambiante, puis fumez-les à 80 °C jusqu'à ce que leur température interne atteigne 70 °C.

✱ Laissez refroidir les saucissons, puis placez-les 3 h au réfrigérateur. Suspendez-les ensuite dans un endroit frais et aéré. Ils seront prêts à déguster au bout d'une semaine.

SAUCISSONS ET SALAMIS

Les saucissons et salamis, produits depuis des centaines d'années dans le monde entier, peuvent être considérés comme une forme d'art. Un savoir-faire qui, transmis de génération à génération, a confirmé que la tradition produisait des produits de qualité. Aujourd'hui, cependant, avec les nouvelles réglementations en matière de sécurité alimentaire, les technologies récentes jouent un grand rôle dans cette production. Même si nous devons rester vigilants.

La production de ces produits comprend 3 étapes.

1. Fabrication

Le choix de la viande est primordial. Je préfère utiliser une épaule de truie dégraissée et débarrassée de ses os, tendons et cartilages. Ainsi on obtient une viande maigre à 100 % qui, rapidement séchée, donnera ce que souhaite le bon artisan. La graisse apportée provient du lard de poitrine, le bon ratio se situant à 85 % de viande maigre pour 15 % de graisse. Ces viandes seront réfrigérées (voir page 140), puis hachées à l'aide d'un hachoir à viande muni d'une grille à trous de 8 mm de diamètre, et enfin mélangées avec des épices et des aromates plus ou moins variés. Le mélange peut alors être introduit dans un boyau naturel, de bœuf ou de mouton selon les recettes.

2. Fermentation

C'est par ce procédé que la saucisse à l'état brut devient un produit fini sous l'action des ferments microbiologiques. Lesquels sont introduits dans le boyau avant que ce dernier soit soumis à une température de 22 à 26 °C dans un contexte d'humidité de l'ordre de 90 à 93 % pendant 12 à 16 heures. Cet environnement aide les ferments à se développer et à produire l'acide lactique. Lequel, accompagné par le nitrite de sodium contenu dans le sel, facilite la déshydratation et stabilise le pH (idéalement 5 sur le pH-mètre), contribuant à la stabilité microbiologique du produit. Si l'opération aboutit, le produit fini affichera une belle couleur rouge et sera légèrement ferme au toucher.

3. Séchage et maturation

C'est l'étape finale au cours de laquelle les saucissons et salamis vont perdre encore une part de leur humidité dans un court laps de temps, sans pour autant sécher trop rapidement en surface, tout en se raffermissant. En règle générale, on obtiendra ce résultat à une température de 12 à 15 °C, dans une cave au taux d'humidité de l'ordre de 72 à 75 % et une légère circulation d'air, un confinement total encourageant la moisissure.
Idéalement, le perte de poids sera d'environ 30 % lorsque vos saucissons et salamis seront bons à être consommés.

Petits saucissons secs

LORSQUE JE RÉUSSIS À METTRE AU POINT CETTE RECETTE DE SAUCISSONS, JE ME SOUVIENS AVOIR PENSÉ QU'ILS N'AURAIENT JAMAIS LA BELLE COULEUR ROUGE QUE JE SOUHAITAIS. MAIS ILS L'AVAIENT ET J'EN SUIS DEVENU ACCRO ! UNE «CULTURE STARTER» EST INDISPENSABLE POUR ASSURER LA CONSERVATION, LE DÉVELOPPEMENT DE L'ARÔME, LA FORMATION ET LA CONSERVATION DE LA COULEUR. LES DIFFÉRENTES SOUCHES DE BACTÉRIE QUI LA COMPOSENT DOIVENT ÊTRE EN MESURE, DANS LES CONDITIONS DONNÉES, DE LIBÉRER DES ENZYMES ET DE L'ACIDE LACTIQUE, INDISPENSABLES À L'OBTENTION DE LA SAVEUR ET LA STABILITÉ MICROBIOLOGIQUE DE PRODUIT FINI.

Pour 10 à 12 saucissons secs (1 kg au total)

750 g d'épaule de porc désossée réfrigérée (voir page 140)
250 g de poitrine de porc désossée réfrigérée (voir page 140)
26 g de sel nitrité pour salaison (contenant 0,6 % de nitrite de sodium)
3 g de poivre blanc moulu
3 g de glucose
2 g d'ascorbate de sodium
0,5 g de «culture starter» (voir glossaire, page 199)
boyau de moutons

✱ Hachez l'épaule et la poitrine avec un hachoir à viande muni d'une grille à trous de 5 mm de diamètre en la recueillant dans un saladier.

✱ Mélangez le sel dans une jatte avec le poivre, le glucose, l'ascorbate de sodium et la «culture starter». Ajoutez ce mélange au contenu du saladier en pétrissant jusqu'à obtenir une consistance homogène et collante.

✱ Formez les saucissons secs en remplissant le boyau et en tortillant ce dernier entre chacun d'eux pour bien les séparer.

✱ Réservez les saucissons secs 12 h dans un endroit chaud (25°C environ) et humide (un sèche-linge contenant des serviettes mouillées et bien essorées est idéal). Pendant ce temps, les saucissons vont rougir en commençant à sécher.

✱ Transférez les saucissons secs dans une cave fraîche (12 à 15°C), bien aérée et au taux d'humidité de 78 %. Après 10 jours, ils seront bons à consommer.

Chorizos

J'AI ADAPTÉ LA FAMEUSE RECETTE DE CETTE SPÉCIALITÉ ESPAGNOLE À MA FAÇON. JE LA TROUVE ÉPATANTE ! ET VOUS ?

Pour 1 kg de chorizos

750 g d'épaule de porc désossée réfrigérée (voir page 140)
250 g de poitrine de porc désossée réfrigérée (voir page 140)
26 g de sel nitrité pour salaison (contenant 0,6 % de nitrite de sodium)
10 g de paprika fumé
7 g de paprika fort
3 g de paprika doux
3 g de poivre blanc moulu
3 g de glucose
2 g de poudre d'ail
2 g d'ascorbate de sodium
0,5 g de «culture starter» (voir glossaire, page 199)
boyau de mouton

Procédez comme pour la recette des Saucissons secs en ajoutant les trois paprikas au contenu de la jatte.

Hot dogs

MES SAUCISSES POUR HOT DOGS, INSPIRÉES DE CELLES DE FRANCFORT, SE CARACTÉRISENT PAR UN MÉLANGE D'ÉPICES ET D'AROMATES QUE J'AI LONGUEMENT MIS AU POINT. J'ESPÈRE QUE LES AIMEREZ AUTANT QUE MOI !

Pour 1 kg de saucisses

500 g d'épaule de porc désossée
300 g de poitrine de porc désossée
18 g de sel nitrité pour salaison (contenant 0,6 % de nitrate de sodium)
2 g de poivre blanc moulu
2 g de paprika
1 g de poudre d'ail
1 g de noix de muscade râpée
1 g de macis en poudre
0,5 g de gingembre en poudre
0,5 g de piment en poudre
boyau de porc

✱ Hachez l'épaule et la poitrine avec un hachoir à viande muni d'une grille à trous de 8 mm de diamètre en la recueillant dans un saladier.

✱ Mélangez le sel dans une jatte avec le poivre, le paprika, la poudre d'ail, la muscade, le macis, le gingembre et le piment. Ajoutez ce mélange au contenu du saladier en pétrissant jusqu'à consistance homogène et collante.

✱ Passez de nouveau cette préparation au hachoir muni d'une grille à trous de 5 mm de diamètre.

✱ Formez les saucisses en remplissant le boyau et en tortillant ce dernier entre chacune d'elles pour bien les séparer. Fumez-les comme les Saucissons à l'ail fumés de Brickhill (voir page 146), puis pochez-les à l'eau frémissante ou faites-les cuire à la vapeur.

POUR SERVIR LES HOT DOGS

Traditionnellement : on glisse les saucisses dans un petit pain tartiné de moutarde. Pour ma part, j'y ajoute des oignons sautés dans un peu d'huile chaude, poivrés et très légèrement sucrés. D'aucuns préfèrent remplacer la moutarde par du ketchup mais attention : n'en mettez pas trop pour ne pas masquer l'arôme des saucisses. On peut aussi ajouter 100 g de fromage râpé sur les saucisses après avoir tartiné le pain de moutarde et faire griller les hot dogs sous le gril du four jusqu'à ce que le fromage soit fondu et le pain bien croustillant. Lorsque je suis en voyage aux États-Unis, je me régale de « chili dogs » : de la viande hachée pimentée recouvre les saucisses. Pas facile à déguster, certes, mais délicieux pour qui aime les saveurs relevées.

Mitonnée de haricots aux chipolatas et au chorizo

UNE RECETTE TOUTE SIMPLE MAIS TELLEMENT SAVOUREUSE ! LE CHORIZO APPORTE UNE TOUCHE DE PIQUANT QUI DONNE TOUT SON CARACTÈRE À CETTE MITONNÉE RICHE EN LÉGUMES QUE VOUS ACCOMPAGNEREZ IDÉALEMENT DE PURÉE DE POMMES DE TERRE.

Pour 4 personnes   Préparation : 20 min   Cuisson : 50 min environ

2 cuil. à soupe d'huile végétale
400 g de chipolatas
200 g de chorizo dépiauté coupé en rondelles de 2,5 mm d'épaisseur
2 cuil. à soupe de concentré de tomate
2 oignons rouges grossièrement émincés
2 gousses d'ail finement émincées
2 poivrons rouges épépinés détaillés en lanières
2 tiges de céleri branche grossièrement émincées
400 g de tomates concassées en boîte et leur jus
400 g de haricots rouges au naturel en boîte égouttés et rincés
2 cuil. à soupe de vinaigre
2 cuil. à soupe de cassonade
3 feuilles de laurier
30 cl de bouillon de volaille corsé
2 cuil. à soupe de Maïzena délayée dans 1 cuil. à soupe d'eau froide
sel et poivre du moulin

✱ Préchauffez le four à 200 °C (th. 6-7).

✱ Faites chauffer l'huile dans une cocotte à feu moyen. Faites y dorer les chipolatas coupées en deux 3 min en les retournant souvent. Ajoutez le chorizo et le concentré de tomate et remuez 2 min.

✱ Ajoutez les oignons, l'ail, les poivrons, le céleri, les tomates concassées et leur jus, les haricots, le vinaigre, la cassonade, le laurier et le bouillon. Portez à frémissements en remuant, puis couvrez et laissez mijoter 40 min.

✱ Retirez la cocotte du four et découvrez-la. Placez-la sur feu moyen et attendez le retour des frémissements. Ajoutez la Maïzena délayée. Mélangez bien et laissez épaissir quelques minutes. Rectifiez l'assaisonnement en sel (attention : le bouillon est déjà salé) et poivrez éventuellement, puis servez, bien chaud.

CHAPITRE 6　Abats

Les abats de porc sont appréciés et couramment utilisés depuis fort longtemps. Vous connaissez l'adage : «Tout est bon dans le cochon.» ? Sauf ses ongles et ses soies évidemment ! Pour mon tout premier ouvrage culinaire, publié dans les années 70, deux recettes furent écrites de ma main. La première étant le pudding au pain et la seconde le fromage de tête. Mon père adorait l'un et l'autre de ces mets. Pour le second, je le revois faire bouillir une tête de porc avec des oignons et des grains de poivre. Puis, la tête une fois refroidie, trier les morceaux de chair, de cartilage, de cervelle et de langue, puis soigneusement hacher le tout avec les oignons et le bouillon réduit. Il transférait le mélange dans une terrine puis le conservait au frais jusqu'à ce que nous le dégustions, avec du pain et des pickles. Ma mère n'aimait pas du tout mais mon père, mes frères et moi nous en régalions.

Nous en aurions bien mangé tous les jours !

Alors, lorsque j'ai dû cuisiner les abats, je me suis senti «comme à la maison» tandis que ce n'était pas vraiment la tasse de thé de Simon. C'est probablement à ce sujet que les bouchers et les chefs ont le plus de divergences. Nous eûmes de nombreuses conversations où il m'exprima son peu d'appétence pour tous les abats et notre désaccord fut absolu. Selon moi, avec un peu d'imagination et une bonne préparation, ces morceaux délaissés peuvent se révéler très savoureux.

Commençons par le museau de porc. S'il n'est pas courant en cuisine, il est pourtant délicieux, notamment très lentement cuit sur un lit de pommes de terre, avec des oignons, du bacon et du bouillon jusqu'à ce que son cartilage fonde doucement. Il constituera alors un régal pour les papilles. Même ma fille de douze ans l'apprécie !

Après l'apparition du symptôme ESB (maladie de la vache folle), la cervelle disparut des menus alors qu'elle n'était déjà pas très populaire. Mais, une fois les soupçons levés, elle revient aujourd'hui au premier plan. Je l'aime délicatement pochée, puis enrobée d'une pâte légère avant d'être frite. Sa texture fondante s'allie parfaitement avec une salade composée croquante à base de légumes crus et/ou de laitue iceberg. De même, les joues sont désormais à la mode. Ces découpes seront braisées au cidre et aux oignons, mais peuvent aussi être fumés comme de la pancetta, puis, finement tranchées, dégustées telles quelles ou légèrement sautées. Quant aux oreilles, elles deviennent un de mes plats préférés lorsque, cuites en deux fois à la chinoise, elles offrent en bouche leur texture gélatineuse fondante. Je les ai d'abord proposées à mon menu comme une curiosité, où elles devinrent sujet de débats sans que je m'en préoccupe. Ce qui était tout simplement la meilleure chose à faire : elles sont alors devenues un plat réclamé ! J'ai adopté la même stratégie pour les langues, les cœurs, les foies et les rognons qui recueillent, au final, un franc succès.

Ce qui m'amène enfin aux très modestes grattons de couenne grillés. Parmi toutes les recettes de cet ouvrage, c'est celle qui demande le plus de temps et de soin. Elle nécessite quelques heures de préparation et, pour certains (notamment pour Simon !) cela peut paraître disproportionné pour obtenir de simples lamelles croustillantes de la peau de ce bon vieux porc. Mais le succès auprès des inconditionnels de cette spécialité est incontestable… JE L'ADORE ! Assaisonnés de vinaigre de malt et d'une pincée de sel ou mélangée à une compote de pommes acidulées, il n'est rien de meilleur que ces grattons ! – Phil

Langues en gelée persillée poivrée

CERTAINES PERSONNES N'APPRÉCIENT PAS LA LANGUE DE PORC. POURTANT, C'EST UN DES MORCEAUX LES PLUS DÉLICATS DU PORC. TROIS FOIS PLUS PETITES QUE LES LANGUES DE BŒUF, LES LANGUES DE PORC POSSÈDENT AUSSI UNE TEXTURE ET UNE SAVEUR PLUS FINES. QUAND JE CUISINAIS PROFESSIONNELLEMENT, J'EN PRÉPARAIS DE 4 À 6 PAR SEMAINE ET ELLES AVAIENT BEAUCOUP DE SUCCÈS À L'HEURE DU DÉJEUNER. JE LES SERVAIS TRANCHÉES, AVEC UNE SAUCE À LA CRÈME RELEVÉE DE CORNICHONS ÉMINCÉS ET ACCOMPAGNÉES DE PURÉE DE POMMES DE TERRE. OU ENCORE, DE MANIÈRE PLUS RAFFINÉE, JE LES PROPOSAIS NAPPÉES DE SAUCE MADÈRE AUX GRAINS DE RAISINS FRAIS PELÉS ET AUX AMANDES EFFILÉES GRILLÉES. DANS LA RECETTE PROPOSÉE ICI, VOUS LES SERVIREZ EN ENTRÉE, AVEC DU PAIN GRILLÉ, DES CORNICHONS, DES CÂPRES ET DE LA MAYONNAISE AILLÉE.

Pour 6 à 8 personnes   Préparation : 15 min   Marinade : 4 à 5 jours   Cuisson 2 h 15 + refroidissement

4 grandes langues de porc parfaitement nettoyées
1 pied de porc parfaitement nettoyé
2 carottes pelées entières
2 oignons pelés entiers
2 branches de céleri
1 petit poireau nettoyé entier
4 cuil. à soupe de vinaigre
1 cuil. à café de grains de poivre noir

quelques branches de persil plat + quelques feuilles pour la gelée
4 feuilles de laurier
sel et poivre noir du moulin

MARINADE
120 g de sel nitrité pour salaison (contenant 0,6 % de nitrite de sodium)

✱ Préparez la marinade dans un grand récipient en acier inoxydable en mélangeant le sel nitrité avec 1 litre d'eau chaude jusqu'à dissolution du sel, puis laissez refroidir.

✱ Plongez les langues dans la marinade en veillant à ce qu'elles soient totalement recouvertes (je les recouvre d'une assiette creuse pour qu'elles restent immergées sans remonter à la surface). Laissez-les mariner de 4 à 5 jours au réfrigérateur dans le liquide en les retournant de temps en temps.

✱ Égouttez les langues, puis lavez-les soigneusement dans plusieurs bains d'eau froide. Mettez-les dans un faitout avec le pied, les carottes, les oignons, le céleri, le poireau, le vinaigre, la moitié des grains de poivre, les branches de persil et le laurier. Couvrez largement d'eau froide et portez à ébullition, baissez le feu, couvrez à demi et laissez frémir 2 h environ : les langues doivent être cuites à cœur.

✱ Retirez les langues et le pied de porc à l'écumoire. Réservez le pied pour une autre recette (par exemple celle de la page 165), puis retirez immédiatement la peau qui recouvre les langues. Filtrez le bouillon de cuisson pour éliminer les légumes et les aromates. Faites-le réduire de moitié sur feu moyen à vif. Rectifiez éventuellement son assaisonnement en sel (attention : il ne doit pas être trop salé) et poivrez au moulin.

✱ Mettez les langues dans une terrine avec le reste des grains de poivre et les feuilles de persil. Couvrez du bouillon réduit, laissez refroidir, puis réservez au réfrigérateur jusqu'à ce que le bouillon soit complètement gélifié. Régalez-vous : les langues sont aussi savoureuses que la gelée !

Soupe de légumes à la queue de porc et au couscous

LA VARIÉTÉ DE COUSCOUS UTILISÉE ICI EST UNE SEMOULE À GROS GRAINS, À LA TEXTURE LÉGÈREMENT NACRÉE UNE FOIS CUITE. ELLE FAIT MERVEILLE DANS CETTE SOUPE COMPLÈTE RICHE EN SAVEURS. À DÉFAUT, UTILISEZ UNE SEMOULE CLASSIQUE À GRAINS MOYENS.

Pour 4 personnes   Préparation : 30 min   Cuisson : 2 min 30

10 queues de porcs
1 jarret de porc frais
2 grosses carottes pelées et coupées en rondelles épaisses
2 branches de céleri coupées en petits tronçons
2 gros oignons grossièrement émincés
1 poireau nettoyé grossièrement émincé
2 feuilles de laurier
1 cuil. à café de grains de poivre noir
sel
100 g de couscous à gros grains
2 cubes (20 g) de bouillon de volaille émietté
½ petit chou blanc finement émincé
poivre noir du moulin

✱ Brûlez les poils recouvrant les queues à l'aide d'un chalumeau de cuisine pour les en débarrasser complètement. Lavez-les soigneusement ainsi que le jarret.

✱ Mettez les queues et le jarret dans une marmite. Couvrez largement d'eau froide et portez à ébullition. Baissez le feu et laissez frémir 5 min en écumant.

✱ Ajoutez les carottes, le céleri, les oignons, le poireau, le laurier, les grains de poivre, un peu de sel, le couscous, et les cubes de bouillon. Attendez le retour des frémissements, couvrez à demi et laissez cuire 2 h 15 environ : le jarret doit être cuit à cœur.

✱ Transférez les queues et le jarret sur un plat creux à l'écumoire. Ajoutez le chou dans la marmite. Attendez le retour des frémissements et poursuivez la cuisson 10 min.

✱ Pendant ce temps, retirez la peau grasse du jarret et des queues. Détaillez-les en aiguillettes, puis remettez-les dans la marmite. Faites frémir encore 5 min, puis rectifiez l'assaisonnement de la soupe en sel, poivrez-la au moulin et servez-la à l'assiette avec du pain frais croustillant.

Pieds de porc en deux cuissons glacés au chutney de mangue

LA VOGUE DES PIEDS DE PORC REVIENT EN FORCE EN EUROPE ET C'EST TANT MIEUX ! DANS CETTE RECETTE AIGRE DOUCE DES PLUS ORIGINALES, ILS CUISENT EN DEUX FOIS POUR ACQUÉRIR UNE TENDRETÉ ET UNE SAVEUR EXCEPTIONNELLES. VOUS DÉGUSTEREZ ENTRE AMIS, SANS COUTEAUX NI FOURCHETTES : ILS SE SAVOURENT DU BOUT DES DOIGTS. N'OUBLIEZ PAS LES SERVIETTES EN PAPIER !

Pour 4 personnes   Trempage : 2 h   Préparation : 25 min + refroidissement et réfrigération   Cuisson : 3 h environ

4 pieds de porc soigneusement nettoyés
50 cl de bouillon de porc ou de volaille
2 gros oignons pelés coupés en quartiers
quelques brins de thym frais
sel et poivre noir du moulin
1 tête d'ail coupée horizontalement en deux

GLAÇAGE
225 g de chutney de mangue
2 cuil. à soupe de concentré de tomate
2 cuil. à soupe de vinaigre de cidre
1 petit piment rouge frais finement émincé
4 gousses d'ail écrasées
4 cuil. à soupe d'huile d'olive

✱ Faites tremper les pieds de porc 2 h dans de l'eau froide, puis égouttez-les. Préchauffez le four à 180 °C (th. 6).

✱ Mettez les pieds de porc dans une cocotte avec le bouillon, les oignons, le thym, du sel, du poivre et l'ail. Portez à ébullition, laissez bouillir 2 min puis retirez du feu et couvrez.

✱ Enfournez la cocotte pour 1 h 30. Sortez-la du four, retirez le couvercle et retournez les pieds. Remettez le couvercle et enfournez à nouveau pour 1 h environ : les pieds doivent être très tendres.

✱ Sortez la cocotte du four. Laissez refroidir, puis réservez au réfrigérateur jusqu'à ce que bouillon soit complètement gélifié.

✱ Retirez les pieds de la gelée (réservez cette dernière, une fois liquéfiée à feu doux et filtrée, elle pourra servir de bouillon de base à une soupe de légumes). Déposez les pieds côte à côte dans un grand plat à four en les espaçant légèrement.

✱ Préchauffez le four à 200 °C (th. 6-7).

✱ Mélangez tous les ingrédients du glaçage en fouettant pour bien les homogénéiser, puis versez ce mélange sur les pieds de porc. Enfournez pour 20 min environ en retournant les pieds de porc et les nappant temps en temps du glaçage à la cuillère.

✱ Lorsque le glaçage brunit en enrobant complètement les pieds, retirez du four et laissez reposer 10 min avant de servir.

Parfait de foie de porc en crumble

CONSTITUÉ D'UNE MOUSSE DE FOIE TRÈS FINE, CE PARFAIT SURMONTÉ DE MIETTES DE PAIN DE SEIGLE CROUSTILLANTES EST DES PLUS FACILES À RÉUSSIR. AUSSI BON CHAUD QUE FROID, VOUS LE SERVIREZ À L'APÉRITIF OU EN ENTRÉE AVEC DU PAIN DE MIE GRILLÉ DÉCOUPÉ EN TRIANGLES : VOS CONVIVES S'EN LÈCHERONT LES DOIGTS !

Pour 4 personnes   Préparation : 20 min + refroidissement   Cuisson : 45 à 50 min

250 g de pain de seigle frais coupé en cubes
20 cl de porto
20 cl de bouillon de volaille
400 g de foie de porc prêt à l'emploi à température ambiante
1 œuf battu
350 g de beurre fondu tiède
sel et poivre blanc du moulin

✱ Préchauffez le four à 160 °C (th. 5-6).

✱ Mixez le pain pour le réduire en chapelure grossière. Étalez-la sur une plaque à pâtisserie, puis enfournez-la pour 20 à 25 min en la remuant de temps en temps jusqu'à ce qu'elle devienne croustillante. Retirez-la du four (sans éteindre ce dernier) et laissez-la refroidir.

✱ Pendant ce temps, versez le porto et le bouillon dans une casserole. Portez-les à frémissements, laissez-les réduire des trois quarts, puis laissez refroidir cette réduction.

✱ Coupez le foie de porc en petits morceaux, puis mixez-le à vitesse moyenne avec le porto et le bouillon jusqu'à consistance lisse et homogène. Ajoutez peu à peu l'œuf et le beurre fondu.

✱ Passez la mousse obtenue au travers d'une passoire fine, puis salez et poivrez-la. Mélangez bien.

✱ Transférez la mousse dans 4 ramequins allant au four. Couvrez chacun d'eux de papier d'aluminium, puis déposez-les dans un plat creux en les espaçant. Versez de l'eau bouillante dans le plat jusqu'à mi-hauteur des ramequins, puis enfournez pour 35 à 40 min.

✱ Retirez les ramequins du four et du bain-marie. Laissez-les reposez 5 min, puis parsemez-les de la chapelure. Servez-les aussitôt, bien chauds, ou laissez-les complètement refroidir.

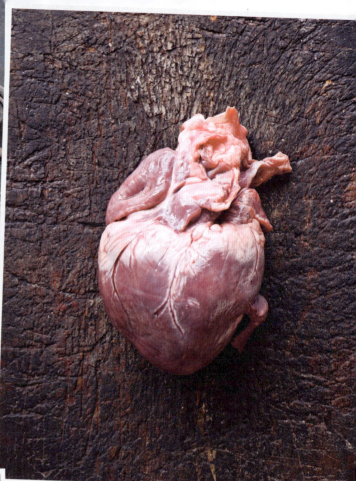

Mon pâté

INSPIRÉ DE LA SAUCISSE DE FOIE RUSTIQUE ALLEMANDE (*BAUERNLEBERWURST*), MON PÂTÉ CONTIENT MOINS DE FOIE, SOUVENT UTILISÉ EN TROP GRANDE QUANTITÉ À MON GOÛT (PROBABLEMENT PARCE QU'IL EST PEU ONÉREUX). VOUS LE DÉGUSTEREZ ÉTALÉ SUR DU PAIN FRAIS OU GRILLÉ.

Pour 1 kg de pâté

700 g de lard de poitrine cuit au four dans un sac de cuisson et encore chaud, avec son jus de cuisson
300 g de foie de porc parfaitement nettoyé
Sel nitrité pour salaison (contenant 0,6 % de nitrite de sodium)
3 g d'agent émulsifiant (voir glossaire page 198)
20 g d'assaisonnement pour saucisse de foie (gutsleberwurst) en vente chez les traiteurs alsaciens et allemands
2 œufs battus
boyau de bœuf (facultatif)

✱ Coupez la poitrine et le foie en petits morceaux. Hachez-les avec un hachoir à viande muni d'une grille à trous de 5 mm de diamètre en les recueillant dans un saladier.

✱ Ajoutez le sel nitrité, l'agent émulsifiant, l'assaisonnement pour saucisse de foie et les œufs. Mélangez en pétrissant jusqu'à consistance homogène. Transférez dans une terrine, enveloppez hermétiquement de film alimentaire spécial cuisson, puis faites cuire dans un four vapeur à 80 °C jusqu'à ce que la température intérieure du pâté atteigne 70 °C. Laissez refroidir et servez à température ambiante.

✱ Variante : avant de cuire le pâté, je l'enveloppe dans un boyau de bœuf, puis le fume 30 min, ce qui lui donne une saveur merveilleuse.

Rognons au madère

J'AI TOUJOURS BEAUCOUP AIMÉ LES ROGNONS À CONDITION DE NE PAS PROLONGER INUTILEMENT LEUR CUISSON AU RISQUE DE LES VOIR SE DURCIR. EN FAIT, JE LES TROUVE PARTICULIÈREMENT BONS QUAND ILS SONT ENCORE UN PEU ROSÉS À CŒUR. POUR VARIER LES PLAISIRS, VOUS POUVEZ REMPLACER LE MADÈRE PAR DU XÉRÈS SEC.

Pour 4 personnes   Préparation : 15 min   Cuisson : 15 min environ

30 g de beurre
1 oignon très finement émincé
2 cuil. à café de moutarde forte
2 rognons de porc, soigneusement parés et nettoyés, coupés en cubes de 2 cm de côté
1 cuil. à soupe de farine
17,5 cl de madère
20 cl de bouillon de viande
sel et poivre noir du moulin
3 cuil. à soupe de persil plat finement ciselé

✱ Faites chauffer le beurre dans une sauteuse à feu moyen. Quand il commence à mousser, faites-y suer l'oignon 3 min en remuant. Ajoutez la moutarde et remuez 2 min.

✱ Mettez les rognons dans la sauteuse, puis parsemez-les de la farine. Mélangez jusqu'à ce que les rognons commencent à changer de couleur. Mouillez du madère et du bouillon. Salez et poivrez.

✱ Portez à frémissements et baissez le feu. Laissez frémir de 8 à 10 min, puis rectifiez l'assaisonnement, retirez du feu et incorporez le persil.

✱ Servez aussitôt, en entrée ou, pour un plat principal, avec du riz nature ou de la purée de pommes de terre.

Rognons sautés à la sauce verte

LE SECRET DE LA RÉUSSITE DES ROGNONS SAUTÉS EST DE NE PAS TROP LES CUIRE AFIN QU'ILS NE SE DESSÈCHENT PAS (GARDEZ-LES ROSÉS À CŒUR), PUIS DE LES LAISSER REPOSER DE 5 À 10 MIN À COUVERT APRÈS CUISSON. POUR ENRICHIR LA SAUCE VERTE QUI LES ACCOMPAGNE, J'Y AJOUTE PARFOIS QUELQUES FILETS D'ANCHOIS OU UN PEU DE PIMENT VERT FRAIS FINEMENT ÉMINCÉS. À VOUS DE VOIR…

Pour 4 personnes   Préparation : 15 min   Cuisson : 8 à 10 min

4 rognons de porc, soigneusement parés et nettoyés, coupés en deux dans l'épaisseur sans séparer complètement les deux moitiés
2 à 3 cuil. à soupe de farine
4 cuil. à soupe d'huile d'olive
15 g de beurre
500 g de pointes de fines asperges vertes

SAUCE VERTE
20 cl d'huile d'olive vierge extra
2 gousses d'ail pelées émincées
2 cuil. à soupe de câpres égouttées
sel et poivre noir du moulin
25 g de feuilles de basilic
25 g de feuilles de persil plat
50 g de pousses d'épinard

✱ Ouvrez les rognons sur le plan de travail, puis aplatissez-les du plat de la main. Farinez-les des deux côtés. Secouez-les légèrement pour éliminer l'excédent de farine.

✱ Faites chauffer l'huile et le beurre dans une grande poêle à feu moyen. Ajoutez les rognons aplatis côte à côte et laissez-les cuire de 4 à 6 min en les retournant à mi-cuisson à l'aide d'une large spatule. Transférez-les sur un plat, couvrez-les de papier d'aluminium et laissez-les reposer jusqu'au moment de servir.

✱ Pendant ce temps, faites revenir 2 min les pointes d'asperges dans la poêle de cuisson des rognons. Retirez du feu, couvrez et réservez.

✱ Préparez la sauce. Versez 15 cl d'huile dans un robot. Ajoutez l'ail, les câpres, du sel et du poivre. Mettez l'appareil en marche pour émulsifier la préparation, puis ajoutez le basilic, le persil, les pousses d'épinard et le reste d'huile. Mixez à nouveau afin d'obtenir une sauce épaisse et homogène. Transférez dans une jatte et rectifiez l'assaisonnement.

✱ Servez les rognons à l'assiette avec les pointes d'asperges. Nappez chaque assiettée avec 1 cuil. à soupe de sauce verte et accompagnez du reste de sauce à part.

Mitonnée de rognons et de boulettes à la pomme

LES PETITES BOULETTES QUI ACCOMPAGNENT LES ROGNONS POCHÉS METTENT PARTICULIÈREMENT BIEN LEUR GOÛT EN VALEUR. À BASE DE POMME RÂPÉE ET DE GRAISSE DE ROGNON, ELLES POSSÈDENT UNE TEXTURE À LA FOIS CROQUANTE ET SOYEUSE DES PLUS AGRÉABLES. SERVEZ CE PLAT AVEC DES PETITS POIS FRAIS AU PRINTEMPS OU DES POMMES DE TERRE VAPEUR EN HIVER.

Pour 4 personnes   Préparation : 25 min   Cuisson : 30 à 35 min

2 cuil. à soupe d'huile d'olive
1 oignon rouge pelé et coupé en fins quartiers
2 gousses d'ail écrasées
350 g de rognons de porc nettoyés et coupés en cubes de 2 cm de côté
1 cuil. à soupe de farine tamisée
50 cl de bouillon de volaille ou de bœuf corsé

BOULETTES
125 g de farine à gâteau (avec poudre levante incorporée comme de la levure, du bicarbonate, des diphosphates ou des carbonates de sodium...)
65 g de graisse de rognon de porc détaillée en parcelles
sel et poivre noir du moulin
1 petite pomme à cuire pelée, épépinée et très finement râpée
1 œuf battu

✱ Préchauffez le four à 200 °C (th. 6-7).

✱ Faites chauffer l'huile à feu moyen dans une sauteuse allant au four, de préférence à manche amovible et de 30 cm de diamètre. Faites-y revenir l'oignon 4 min en remuant, puis ajoutez l'ail et remuez 1 min.

✱ Mettez les rognons dans la sauteuse, poudrez-les de la farine et mélangez bien. Mouillez du bouillon et portez à ébullition en remuant. Retirez du feu, couvrez et réservez.

✱ Préparez les boulettes. Mélangez la farine dans un saladier avec la graisse de rognons, du sel et du poivre en pétrissant jusqu'à consistance homogène. Ajoutez la pomme, l'œuf et 2 cuil. à soupe d'eau froide. Mélangez bien afin d'obtenir une pâte souple et soyeuse.

✱ Façonnez la pâte entre les mains humides en 16 petites boulettes.

✱ Incorporez-les au contenu de la sauteuse et enfournez à découvert pour 25 à 30 min : la surface des boulettes doit être bien dorée. Servez à l'assiette, dès la sortie du four.

Cœurs braisés aux 40 gousses d'ail et aux endives

CERTES, LA CUISSON DE CETTE RECETTE EST ASSEZ LONGUE : MAIS LE JEU EN VAUT LA CHANDELLE TANT ELLE EST BONNE ! MIJOTÉE EN COCOTTE, ELLE PEUT ÉGALEMENT ÊTRE CUITE À FOUR MODÉRÉ. NE SOYEZ PAS AFFOLÉ PAR LA QUANTITÉ DE GOUSSES D'AIL : LEUR SAVEUR PERD DE SON PIQUANT À LA CUISSON POUR NE GARDER QUE SON DÉLICIEUX ARÔME.

Pour 4 personnes   Préparation : 20 min   Cuisson : 2 h 10 à 2 h 25

4 cœurs de porc parés et nettoyés
4 cuil. à soupe d'huile d'olive
2 gros oignons grossièrement émincés
40 gousses d'ail entières pelées
2 endives grossièrement émincées
30 cl de bouillon de volaille ou de porc corsé
15 cl de vin blanc sec
2 cuil. à soupe de sucre en poudre
sel et poivre noir du moulin

✼ Coupez les cœurs de porc en quatre dans la hauteur, puis épongez-les soigneusement dans du papier absorbant.

✼ Faites chauffer l'huile dans une cocotte à feu moyen. Faites-y revenir les morceaux de cœurs 5 min en les retournant de temps en temps.

✼ Ajoutez les oignons et les gousses d'ail. Poursuivez la cuisson 5 min en remuant souvent. Ajoutez les endives et mélangez bien.

✼ Mouillez du bouillon et du vin. Assaisonnez avec le sucre, du sel et du poivre. Portez à frémissements en remuant.

✼ Baissez le feu, couvrez et laissez frémir de 2 h à 2 h 15 : les morceaux de cœur doivent être très tendres. Surveillez attentivement la cuisson en ajoutant éventuellement un peu d'eau bouillante si la sauce vous semble réduire avec excès.

✼ Rectifiez l'assaisonnement et servez, avec de la moutarde, en accompagnant éventuellement de pommes de terre cuites à la vapeur.

Foie aux lardons, petits pois, menthe et laitue

JE NE ME SOUVIENS PAS AVEC PLAISIR DU FOIE QUE L'ON NOUS SERVAIT À LA CANTINE DE L'ÉCOLE : SEC ET DUR, IL N'ÉTAIT VRAIMENT PAS SAVOUREUX ! HEUREUSEMENT MA MÈRE AVAIT UN SECRET : NE PAS LE CUIRE TROP LONGTEMPS POUR LE GARDER BIEN MOELLEUX ET ROSÉ À CŒUR. J'APPLIQUE CETTE MÉTHODE DANS CETTE RECETTE TRÈS SIMPLE À CUISINER.

Pour 4 personnes   Préparation : 25 min   Cuisson : 20 min environ

150 g de beurre
500 g de foie de porc paré et nettoyé coupé dans la diagonale en 8 tranches de 2,5 cm d'épaisseur environ
sel et poivre noir du moulin
6 à 8 cuil. à soupe de farine
100 g de lardons allumettes fumés
1 petit oignon finement émincé
200 g de laitue (romaine ou iceberg) finement émincée
150 g de petits pois surgelés
30 cl de bouillon de volaille
1 ou 2 pincées de sucre en poudre
2 ou 3 cuil. à soupe de menthe fraîche finement ciselée

✱ Faites chauffer le beurre à feu moyen dans une sauteuse suffisamment grande pour contenir les 8 tranches de foie côte à côte.

✱ Salez, poivrez et farinez les tranches de foie des 2 côtés, puis secouez-les légèrement pour éliminer l'excédent de farine.

✱ Dès que le beurre commence à mousser, faites-y dorer les tranches de foie 2 min de chaque côté (elles doivent rester crues au centre). Transférez-les à l'écumoire sur un plat et couvrez-les de papier d'aluminium.

✱ Faites revenir les lardons dans la sauteuse 5 min environ jusqu'à ce qu'ils commencent à libérer leur graisse, puis ajoutez l'oignon, la laitue et les petits pois surgelés. Mélangez bien, puis mouillez du bouillon et portez à frémissements. Assaisonnez du sucre, de sel et de poivre. Laissez frémir 5 min.

✱ Remettez les tranches de foie dans la sauteuse. Réchauffez-les 1 min environ de chaque côté : elles doivent rester rosées à cœur.

✱ Incorporez la menthe, rectifiez l'assaisonnement et servez immédiatement.

Wraps à la cervelle et à l'avocat

LORS D'UN VOYAGE À FLORENCE AVEC QUELQUES AMIS, NOUS EÛMES LA SURPRISE, EN DÉJEUNANT DANS UN PETIT RESTAURANT TRADITIONNEL NE PROPOSANT PAS DE MENU, DE VOIR LE CHEF APPORTER SUR LA TABLE UNE GRANDE PAPILLOTE DE PAPIER D'ALUMINIUM ACCOMPAGNÉE D'ASSIETTES À DESSERT ET DE PETITES CUILLÈRES. IL A OUVERT LA PAPILLOTE, DÉCOUVRANT AINSI UNE CERVELLE DE PORC ENTIÈRE CUITE À LA VAPEUR, JUSTE SALÉE, POIVRÉE, MUSCADÉE ET NAPPÉE DE BEURRE FONDU. ON AVAIT L'IMPRESSION D'ÊTRE DANS UN FILM D'HORREUR... JUSQU'À CE QUE NOUS DÉGUSTIONS SA CHAIR DÉLICATE À LA PETITE CUILLÈRE. UN PUR DÉLICE ! JE N'OUBLIERAI CEPENDANT JAMAIS LE REGARD DÉGOÛTÉ DE CERTAINS DES CONVIVES QUI CHANGÈRENT TOTALEMENT D'AVIS À LA DÉGUSTATION ! CETTE EXPÉRIENCE M'A DONNÉ L'IDÉE DE CETTE RECETTE DE WRAPS QUI, JE L'ESPÈRE VOUS RÉGALERONT !

Pour 4 personnes   Préparation : 15 min + refroidissement et réfrigération   Cuisson : 4 à 6 min

2 cervelles de porc parées et nettoyées
2 cuil. à soupe de vinaigre
sel
2 feuilles de laurier
quelques queues de persil frais
10 grains de poivre noir
4 cuil. à soupe de farine salée et poivrée
2 œufs
6 à 8 cuil. à soupe de chapelure
4 cuil. à soupe d'huile d'olive

WRAPS
4 galettes pour wrap de 24 cm de diamètre
¼ de laitue iceberg
4 tranches fines de lard de poitrine fumé grillées jusqu'à ce qu'elles soient bien croustillantes
2 œufs durs écalés coupés en deux
4 cuil. à soupe de mayonnaise
quelques feuilles de coriandre fraîche
1 avocat détaillé en 8 quartiers
2 cébettes finement émincées (une dans la largeur, l'autre dans la longueur)
1 carotte pelée finement râpée (facultatif)

✱ Mettez les cervelles dans une casserole avec le vinaigre, du sel, le laurier, les queues de persil et les grains de poivre. Couvrez d'eau à hauteur et portez à ébullition. Retirez aussitôt du feu et retournez les cervelles. Couvrez, laissez complètement refroidir, puis réservez au réfrigérateur jusqu'à utilisation.

✱ Une fois bien réfrigérées, retirez les cervelles de l'eau à l'écumoire, puis épongez-les délicatement dans du papier absorbant pour les sécher au maximum.

✱ Versez la farine assaisonnée dans une assiette creuse, battez les œufs dans une deuxième assiette et versez la chapelure dans une troisième. Détaillez les cervelles en 4 petits morceaux chacune. Passez-les dans la farine, puis dans les œufs battus et enfin dans la chapelure pour bien les enrober de cette panure.

✱ Faites chauffer l'huile dans une grande poêle à feu moyen. Faites-y dorer les morceaux de cervelle panée de 2 à 3 min de chaque côté sans prolonger inutilement leur cuisson.

✱ Préparez les wraps. Déposez les galettes côte à côte sur le plan de travail. Répartissez-y la laitue, les tranches de lard, les morceaux de cervelles panées, les demi-œufs durs, la mayonnaise, quelques feuilles de coriandre, les quartiers d'avocats, les cébettes et, éventuellement, les carottes râpées.

✱ Repliez le bord inférieur des wraps sur leur garniture, puis roulez-les en serrant bien. Servez-les aussitôt, tant que les morceaux de cervelles panées sont chauds.

Mes boulettes de porc

J'AI ADAPTÉ CETTE RECETTE BRITANNIQUE TRADITIONNELLE, APPELÉE FAGGOTS, EN AJOUTANT AUX VIANDES DE PORC (POITRINE, FOIE, CŒUR ET LARD GRAS) DE NOMBREUX ÉPICES ET AROMATES QUI LES RENDENT IRRÉSISTIBLES ! LONGUEMENT MIJOTÉES DANS UN BOUILLON BIEN CORSÉ, ELLES SONT ENCORE MEILLEURES ACCOMPAGNÉES, COMME CHEZ MOI, D'UNE PURÉE DE PETITS POIS.

Pour 4 personnes   Préparation : 30 min + refroidissement   Cuisson : 1 h

500 g de poitrine de porc
150 g de foie de porc paré
1 cœur de porc paré
150 g de lard gras
2 cuil. à soupe d'huile végétale
2 gros oignons finement émincés
2 gousses d'ail finement émincées
¼ de cuil. à café de noix de muscade râpée
¼ de cuil. à café de macis en poudre
1 cuil. à café de sauge séchée
1 cuil. à café de thym séché
4 cuil. à soupe de persil plat frais finement ciselé
2 œufs battus
6 cuil. à soupe de sauce Worcestershire
7 cuil. à soupe de chapelure
sel et poivre noir du moulin
80 cl de bouillon de porc ou de volaille corsé

✱ Hachez la poitrine, le foie, le cœur et le lard gras dans un hachoir à viande muni d'une grille à trous de 5 mm de diamètre.

✱ Faites chauffer l'huile dans une poêle à feu moyen. Faites-y revenir l'oignon et l'ail 8 min en remuant de temps en temps, puis ajoutez la muscade et le macis. Remuez 2 min, retirez du feu et laissez refroidir.

✱ Préchauffez le four à 180 °C (th. 6).

✱ Transférez le contenu de la poêle dans un saladier. Ajoutez les viandes hachées, la sauge, le thym, le persil, les œufs, la sauce Worcestershire, la chapelure, du sel et du poivre. Mélangez en pétrissant jusqu'à consistance homogène.

✱ Façonnez la préparation en boulettes de la taille d'une petite pomme (100 g environ) entre les mains humides. Portez le bouillon à ébullition dans une casserole.

✱ Déposez les boulettes côte à côte dans un plat à gratin, puis arrosez-les du bouillon bouillant (il doit arriver jusqu'aux trois quarts de la hauteur des boulettes).

✱ Couvrez de papier d'aluminium, puis enfournez pour 30 min. Retirez l'aluminium et poursuivez la cuisson 20 min afin de laisser réduire la sauce.

✱ Servez les boulettes bien chaudes à l'assiette, nappées de la sauce réduite.

Salade d'oreilles de porc à la moutarde

LA PREMIÈRE FOIS QUE J'AI PRÉSENTÉ DES OREILLES DE PORC AUX CLIENTS DE MON RESTAURANT, JE LES AI SENTIS SI PEU ENTHOUSIASTES QUE JE LEUR AI ALORS PROPOSÉ DE LES GOÛTER GRATUITEMENT. ILS LE FIRENT DU BOUT DES LÈVRES... PUIS LES APPRÉCIÈRENT TANT QU'ELLES FIGURÈRENT ENSUITE DANS TOUS MES MENUS ! ELLES PEUVENT ÊTRE CUISINÉES DE DIFFÉRENTES MANIÈRES, MAIS JE LES APPRÉCIE PARTICULIÈREMENT DANS CETTE SALADE DEVENUE UNE DES PLUS POPULAIRES DE MA CARTE.

Pour 4 personnes   Préparation : 15 min + refroidissement   Cuisson : 2 h 15

2 grandes oreilles de porc
1 cube (10 g) de bouillon de bœuf
1 tige de céleri branche coupée en petits tronçons
1 carotte pelée coupée en rondelles épaisses
1 oignon coupé en quartiers
sel et poivre noir du moulin
3 cuil. à café de moutarde forte
2 cuil. à soupe de basilic frais finement ciselé
2 œufs
125 g de chapelure panko (chapelure japonaise composée de grosses miettes de pain, vendue au rayon exotique des grandes surfaces ou dans les épiceries asiatiques)

SALADE

1 grosse carotte pelée
½ concombre
1 petit oignon rouge coupé en rondelles
125 g de laitue iceberg grossièrement ciselée
½ bulbe de fenouil coupé en lamelles fines

VINAIGRETTE

2 cuil. à soupe de vinaigre de xérès
½ cuil. à café de moutarde forte
sel et poivre du moulin
3 pincées de sucre en poudre
le zeste finement râpé de 1 citron non traité et la moitié de son jus
6 cuil. à soupe d'huile d'olive vierge extra

✱ Supprimez les soies qui garnissent les oreilles à l'aide d'un chalumeau de cuisine en les maintenant avec une pince afin de ne pas vous brûler, puis lavez-les à l'eau courante.

✱ Portez une grande quantité d'eau à ébullition dans un faitout. Ajoutez les oreilles, le cube de bouillon émietté, le céleri, la carotte et l'oignon. Attendez le retour de l'ébullition, salez et poivrez, puis baissez le feu et couvrez à demi. Laissez frémir 2 h environ : les oreilles doivent être très tendres.

✱ Égouttez les oreilles et laissez-les refroidir. Épongez-les dans du papier absorbant, puis disposez-les entre deux assiettes pour bien les aplatir et réservez-les au réfrigérateur.

✱ Préparez la salade. À l'aide d'un couteau économe, découpez la carotte et le demi-concombre en longs rubans dans la longueur. Mélangez-les dans un saladier avec l'oignon, la laitue et le fenouil.

✱ Pour la vinaigrette, mélangez le vinaigre dans une jatte avec la moutarde, du sel, du poivre, le sucre, le zeste et le jus de citron, puis émulsionnez avec l'huile en fouettant. Versez sur la salade et mélangez bien.

✱ Faites chauffer un gril à température moyenne.

✱ Découpez les oreilles de porc en tranches épaisses dans la longueur. Mélangez la moutarde et le basilic dans un bol, puis enrobez les tranches d'oreilles de ce mélange.

✱ Battez les œufs dans une assiette creuse. Versez la chapelure panko dans une seconde assiette. Trempez les tranches d'oreilles dans les œufs battus, puis dans la chapelure pour les en recouvrir complètement.

✱ Déposez une feuille de papier d'aluminium sur le gril chaud. Ajoutez les tranches d'oreilles et faites-les griller 5 min environ de chaque côté jusqu'à ce qu'elles soient croustillantes et légèrement dorées.

✱ Répartissez la salade sur 4 assiettes de service. Recouvrez-la des tranches d'oreilles bien chaudes et servez aussitôt.

Beignets au boudin noir et petits oignons braisés au vinaigre balsamique

J'ADORE LE BOUDIN NOIR, SOUS TOUTES SES FORMES. POÊLÉ OU GRILLÉ, BIEN SÛR, MAIS AUSSI AJOUTÉ À UN RAGOÛT, À UNE FARCE OU À UNE TERRINE POUR LES ENRICHIR. JE L'AI MÊME UTILISÉ POUR GARNIR UNE TARTE INNOVANTE AUX POMMES ET NOIX DE SAINT-JACQUES : UNE RÉUSSITE ! PROPOSÉ ICI EN BEIGNETS, MON BOUDIN NOIR VOUS SÉDUIRA À COUP SÛR !

Pour 4 personnes   Préparation : 15 min   Cuisson : 30 à 40 min

125 g de farine à gâteau (avec poudre levante incorporée comme de la levure, du bicarbonate, des diphosphates ou des carbonates de sodium)
1 pincée de sel
1 pincée de poivre noir moulu
1 cuil. à soupe de persil plat frais finement ciselé
15 cl d'eau gazeuse ou de bière blonde
huile de friture
400 g de boudin noir coupé en tranches de 1,5 cm d'épaisseur

PETITS OIGNONS BRAISÉS
3 cuil. à soupe d'huile d'olive
25 g de beurre en parcelles
2 cuil. à soupe + 1 cuil. à café de vinaigre balsamique
600 g d'oignons grelots pelés
fleur de sel et poivre noir du moulin
1 cuil. à soupe d'estragon frais finement ciselé

✱ Préchauffez le four à 200 °C (th. 6-7).

✱ Préparez les oignons. Mélangez l'huile, le beurre, 2 cuil. à soupe de vinaigre balsamique et les oignons dans un plat à gratin. Enfournez-les pour 30 à 40 min, en les retournant de temps en temps, jusqu'à ce qu'ils soient très tendres.

✱ Retirez-les du four, puis ajoutez aussitôt le reste du vinaigre, de la fleur de sel et du poivre, mélangez bien puis incorporez l'estragon.

✱ Un peu avant la fin de cuisson des oignons, mélangez la farine avec le sel, le poivre et le persil dans un saladier, puis incorporez l'eau gazeuse (ou la bière) versée en filet en fouettant jusqu'à obtention d'une pâte à beignet lisse et légère.

✱ Versez 2 cm d'huile de friture dans une grande sauteuse. Faites-la chauffer à 180 °C. Trempez les tranches de boudin une par une dans la pâte à beignet, puis plongez-les dans l'huile chaude, par petites quantités à la fois, pour 4 min en les retournant à mi-cuisson. À l'aide d'une écumoire, déposez-les au fur et à mesure sur du papier absorbant.

✱ Servez les beignets bien chauds en les accompagnant des oignons présentés en cassolette.

Grattons de couenne grillés

AU FIL DES ANNÉES, J'AI CHERCHÉ LA BONNE MÉTHODE POUR OBTENIR DES GRATTONS DE COUENNE IDÉALEMENT CROUSTILLANTS. LE PRINCIPE DE BASE CONSISTE À LEUR FAIRE EXSUDER UN MAXIMUM DE GRAISSE. POUR CE FAIRE, J'UTILISE UN DÉSHYDRATEUR ALIMENTAIRE MAIS, SI VOUS N'EN POSSÉDEZ PAS, VOUS POUVEZ UTILISER LE FOUR COMME JE L'EXPLIQUE DANS LA RECETTE. LE SECRET DE LA RÉUSSITE CONSISTE À UTILISER DE LA COUENNE DONT VOUS SUPPRIMEREZ UN MAXIMUM DE GRAISSE POUR N'EN GARDER QUE 5 MM D'ÉPAISSEUR ENVIRON.

Pour 4 personnes   Préparation : 10 min   Cuisson : de 3 à 6 h

750 g de couenne de porc ne contenant que 5 mm de graisse à l'intérieur
sel et poivre noir du moulin
15 cl d'huile végétale ou de saindoux fondu
vinaigre de malt pour servir (facultatif)

✱ Faites cuire la couenne de 35 à 40 min à l'eau bouillante salée jusqu'à ce qu'elle soit suffisamment tendre. Égouttez-la, puis épongez-la soigneusement dans du papier absorbant.

✱ Faites ensuite sécher la couenne 5 h dans un déshydrateur à 55-60 °C, ou 2 h dans le four préchauffé à 140 °C (th. 4-5) après l'avoir déposée sur une plaque tapissée de papier sulfurisé.

✱ Préchauffez le four à 220 °C (th. 7-8). Arrosez la couenne avec l'huile ou le saindoux. Salez et poivrez-la, puis enfournez-la pour 20 min en la retournant à mi-cuisson jusqu'à ce qu'elle soit croustillante et bien cloquée.

✱ Découpez la couenne chaude en fins grattons. Servez-les en les arrosant éventuellement de quelques gouttes de vinaigre de malt.

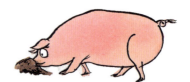

Museaux de porc et pommes de terre à la boulangère

JE DÉTESTE LE GASPILLAGE ! C'EST LA RAISON POUR LAQUELLE J'AI MIS AU POINT CETTE RECETTE QUI ALLIE DES POMMES DE TERRE FONDANTES MÊLÉES D'AROMATES À DU MUSEAU DE PORC À LA TEXTURE À LA FOIS DOUCE ET UN PEU CROQUANTE. JE TROUVE LE RÉSULTAT VRAIMENT SATISFAISANT !

Pour 4 à 6 personnes   Préparation : 20 min   Réfrigération : 12 h   Cuisson : 3 h

8 museaux de porcs parés et nettoyés
sel et poivre noir du moulin
50 cl de bouillon de volaille
150 g de lardons fumés
4 grosses pommes de terre pelées coupées en rondelles de 2 cm d'épaisseur
2 gros oignons finement émincés
2 gousses d'ail écrasées
2 cuil. à soupe de persil plat frais finement ciselé
1 cuil. à soupe de thym frais finement ciselé
1 cuil. à soupe de sauge fraiche finement ciselée
150 g de beurre fondu ou 15 cl d'huile végétale

✱ Mettez les museaux dans un saladier non-métallique. Saupoudrez-les avec 1 cuil. à soupe de sel et ½ cuil. à soupe de poivre et mélangez bien. Couvrez de film alimentaire et réservez 12 h au réfrigérateur en mélangeant à nouveau de temps en temps.

✱ Rincez soigneusement les museaux. Mettez-les dans un faitout avec le bouillon et les lardons. Portez à ébullition. Baissez le feu, couvrez à demi et laissez frémir 1 h environ jusqu'à ce que les museaux soient très tendres.

✱ Retirez les museaux à l'écumoire, puis découpez-les en petits morceaux. Ajoutez 15 cl d'eau au bouillon et aux lardons contenus dans le faitout et portez à ébullition.

✱ Préchauffez le four à 210 °C (th. 7).

✱ Mélangez intimement les pommes de terre dans un saladier avec les morceaux de museaux, les oignons, l'ail, les herbes, du sel et du poivre, puis transférez dans un plat à gratin de 6 cm de hauteur, 30 cm de largeur et 35 cm de longueur.

✱ Versez le bouillon bouillant et les lardons sur le contenu du plat à gratin. Appuyez bien à l'aide d'une spatule plate, couvrez de papier d'aluminium et enfournez pour 1 h.

✱ Retirez le plat du four (sans éteindre ce dernier) et enlevez l'aluminium : l'arôme qui se dégage est fabuleusement appétissant ! Versez le beurre ou l'huile sur les pommes de terre. Appuyez doucement avec la spatule, puis enfournez à nouveau pour 15 à 20 min, à découvert, jusqu'à ce que les pommes de terre aient absorbé la plus grande partie du liquide de cuisson.

✱ Retirez le plat du four, appuyez encore une fois sur son contenu avec la spatule et servez, bien chaud, dans le plat de cuisson.

Oreilles de porc en deux cuissons aux nouilles chinoises

LES OREILLES DE PORC POSSÈDENT UNE TEXTURE TRÈS AGRÉABLEMENT GÉLATINEUSE ET UNE SAVEUR TRÈS APPRÉCIÉE DES CONNAISSEURS. ELLES SE DÉGUSTENT DE MULTIPLES FAÇONS, EN SOUPES, EN RAGOÛT, EN SALADE OU MÊME CONFITES DANS DE LA GRAISSE DE PORC. JE LES AIME GRILLÉES AU FOUR APRÈS AVOIR ÉTÉ ENROBÉES DE MOUTARDE ET DE CHAPELURE, OU SAUTÉES À LA POÊLE AVEC DE NOMBREUX LÉGUMES. JE LEUR AI DONNÉ ICI UNE TOUCHE ASIATIQUE DU MEILLEUR EFFET ! TOUS LES PRODUITS CHINOIS DE CETTE RECETTE SONT DISPONIBLES AU RAYON EXOTIQUE DE VOTRE GRANDE SURFACE OU DANS LES ÉPICERIES ASIATIQUES.

Pour 4 personnes   Préparation : 25 min + refroidissement   Cuisson : 2 h 15

2 grandes oreilles de porc
1 cube (10 g) de bouillon de bœuf
1 tige de céleri branche coupée en tronçons
1 carotte pelée coupée en rondelles épaisses
1 oignon coupé en quartiers
sel et poivre du moulin
2 cuil. à soupe de sauce hoisin
2 cuil. à soupe de sauce soja foncée
2 cuil. à café de sauce chili aigre douce
2 cuil. à café de vinaigre de riz
2 cuil. à café de miel liquide
1 cuil. à café de cinq-épices (mélange d'épices chinoises)
1 cuil. à café de Maïzena

NOUILLES
125 g de petites fleurettes de brocoli avec leurs tiges coupées en petits morceaux dans la longueur
125 g de nouilles de riz chinoises
1 cuil. à café d'huile de sésame
1 cuil. à soupe d'huile végétale
150 g de champignons shiitake coupées en lamelles
1 gousse d'ail écrasée
2 cives émincées dans la diagonale
225 g de pousses de bambou ou de châtaignes d'eau égouttées et coupées en petits morceaux
3 cuil. à soupe de sauce d'huître
3 cuil. à soupe de sauce soja claire

✱ Supprimez les soies qui garnissent les oreilles à l'aide d'un chalumeau de cuisine en les maintenant avec une pince afin de ne pas vous brûler, puis lavez-les à l'eau courante.

✱ Portez une grande quantité d'eau à ébullition dans un faitout. Ajoutez les oreilles, le cube de bouillon émietté, le céleri, la carotte et l'oignon. Attendez le retour de l'ébullition, salez et poivrez, puis baissez le feu et couvrez à demi. Laissez frémir 2 h environ : les oreilles doivent être très tendres.

✱ Égouttez les oreilles. Épongez-les soigneusement dans du papier absorbant, puis disposez-les entre deux assiettes pour bien les aplatir et laissez-les refroidir.

✱ Préchauffez le four à 190 °C (th. 6-7). Tapissez une plaque à rôtir de papier sulfurisé.

✱ Mélangez la sauce hoisin dans une jatte avec la sauce soja, la sauce chili, le vinaigre, le miel, le cinq-épices et la Maïzena jusqu'à obtention d'un glaçage lisse. Enrobez-en les oreilles, puis déposez ces dernières côte à côte sur la plaque.

✱ Enfournez les oreilles pour 15 min jusqu'à ce qu'elles soient brunes et brillantes en les arrosant du glaçage à mi-cuisson.

✱ Pendant ce temps, préparez les nouilles. Faites blanchir le brocoli 2 min à l'eau bouillante salée. Retirez-le à l'écumoire, puis versez aussitôt l'eau de cuisson sur les nouilles contenues dans une jatte. Couvrez et laissez reposer 3 min. Égouttez les nouilles, puis remettez-les dans la jatte et mélangez avec l'huile de sésame.

✱ Faites chauffer l'huile végétale dans un wok ou une sauteuse sur feu moyen à vif. Ajoutez les champignons et faites-les sauter 5 min. Ajoutez l'ail et les cives, remuez 3 min. Ajoutez les pousses de bambou ou les châtaignes d'eau, la sauce d'huître, la sauce soja et 3 cuil. à soupe d'eau. Mélangez bien, puis incorporez les pâtes et les brocolis. Poursuivez la cuisson 2 min.

✱ Retirez les oreilles du four et coupez-les en morceaux. Répartissez les nouilles, puis les morceaux d'oreilles dans 4 bols de service. Servez immédiatement.

Tête de porc rôtie farcie aux pistaches, aux dattes et au thym

Tête de porc rôtie farcie aux pistaches, aux dattes et au thym

SUR TOUS LES BUFFETS QUE J'AI PRÉPARÉS, NOTAMMENT POUR CELUI DE NOËL, CETTE TÊTE DE PORC A TOUJOURS TRÔNÉ EN MAJESTÉ. JOLIMENT BRILLANTE GRÂCE AU GLAÇAGE QUI LA RECOUVRE, ELLE EST ABSOLUMENT DÉLICIEUSE. JE CONNAIS MÊME DES BOUCHERS QUI, LORSQUE VOUS LA COMMANDEZ, NE VOUS FERONT PAYER QUE SON DÉSOSSAGE !

Pour 8 à 10 personnes   Préparation : 40 min   Cuisson : 2 h 30 à 2 h 40   Repos : 45 min

1 tête de porc complètement désossée laissée entière
1,5 kg de viande de porc hachée
2 oignons finement émincés
6 gousses d'ail écrasées
2 œufs battus
2 cuil. à soupe bombées de thym frais grossièrement ciselé
200 g de dattes dénoyautées, de préférence de la variété medjool (ou medjoul), très finement émincées
100 g de pistaches décortiquées non salées
le zeste finement râpé et le jus de 2 gros citrons verts
sel et poivre noir du moulin

GLAÇAGE
15 cl de miel liquide
le jus de 2 gros citrons jaunes
1 pincée de sel

✻ Préchauffez le four à 160 °C (th. 5-6). Tapissez une plaque de cuisson creuse de papier sulfurisé.

✻ Retirez toute la graisse et les parties sanglantes contenues à l'intérieur de la tête.

✻ Mélangez le porc haché dans un saladier avec les oignons, l'ail, les œufs, le thym, les dattes, les pistaches, le zeste et le jus de citron, du sel et du poivre en pétrissant jusqu'à consistance homogène.

✻ Farcissez la tête avec le mélange précédent, puis refermez l'ouverture avec une aiguille à brider et de la ficelle de cuisine en commençant sous le museau et en terminant à l'arrière de le tête en vous efforçant de conserver autant que possible la forme de la tête.

✻ Déposez la tête sur la plaque. Salez et poivrez-la. Enveloppez les oreilles et le museau de papier d'aluminium pour leur éviter de brûler à la cuisson. Enfournez pour 2 h.

✻ Retirez la tête du four sans éteindre ce dernier, puis enlevez l'aluminium. Mélangez tous les ingrédients du glaçage dans une jatte, puis badigeonnez-en toute la tête au pinceau.

✻ Enfournez la tête à nouveau pour 30 à 40 min en l'arrosant toutes les 5 à 6 min du glaçage qui s'écoule sur la plaque.

✻ Retirez la plaque du four, puis enveloppez la tâte de plusieurs couches de papier d'aluminium et laissez-la reposer 45 min avant de la couper en tranches et de vous régaler de sa chair délicieusement gélatineuse et de sa farce fruitée.

Crème au chocolat porcine à l'orange

J'AI DÉCOUVERT CE DESSERT TRADITIONNEL ET POURTANT TOTALEMENT MÉCONNU AU TERME D'UN REPAS D'EXCEPTION DÉGUSTÉ DANS UNE PETITE VILLE ITALIENNE. JUGEZ PLUTÔT : APRÈS UN LAPIN ADMIRABLEMENT CUIT À L'HUILE D'OLIVE ET À LA SAUGE, ON NOUS SERVIT UNE DÉLICIEUSE CASSOLETTE DE CRÊTES DE COQ, CŒURS, RIS DE VEAU ET PETITS LÉGUMES CUISINÉS DANS UNE SAUCE PIQUANTE LÉGÈREMENT VINAIGRÉE. ET ENFIN, LA SURPRISE DU CHEF : UNE DÉLECTABLE CRÈME AU CHOCOLAT NOIR, PARFUMÉE DE ZESTE D'ORANGE ET D'HUILE D'OLIVE, PUIS ÉPAISSIE DE SANG DE PORC ! JE VOUS EN LIVRE ICI MA VERSION ET JE VOUS LAISSE JUGE... MAIS JE SUIS DÉJÀ CERTAIN QUE VOUS ALLEZ ADORER !

Pour 6 à 8 personnes   Préparation : 15 min + refroidissement et réfrigération   Cuisson : 15 min

70 cl de lait
200 g de chocolat noir à 70 % de cacao cassé en petits morceaux
175 g de sucre en poudre
50 g de sang de porc déshydraté (chez les charcutiers les mieux approvisionnés)
2 g de sel
5 cl d'huile d'olive vierge extra
le zeste finement râpé de ½ grosse orange non traitée

✸ Mettez le lait, le chocolat et le sucre dans une casserole. Faites chauffer à feu doux en remuant constamment jusqu'à ce que le chocolat soit à moitié fondu.

✸ Ajoutez le sang et le sel, puis fouettez jusqu'à obtention d'une crème lisse et brillante.

✸ Portez à frémissements, puis retirez aussitôt du feu et laissez tiédir 2 min sans cesser de fouetter. Incorporez l'huile d'olive et le zeste d'orange, laissez infuser 3 min, puis passez votre préparation au travers d'une passoire fine si la crème vous semble insuffisamment lisse.

✸ Répartissez la crème dans de petits verres de service, laissez-la complètement refroidir, puis réservez-la au réfrigérateur jusqu'au moment de servir : elle doit être bien ferme.

✸ Au dernier moment, déposez un peu de crème chantilly sur le contenu des verres, puis parsemez-la de chocolat noir râpé. Accompagnez des biscuits de votre choix.

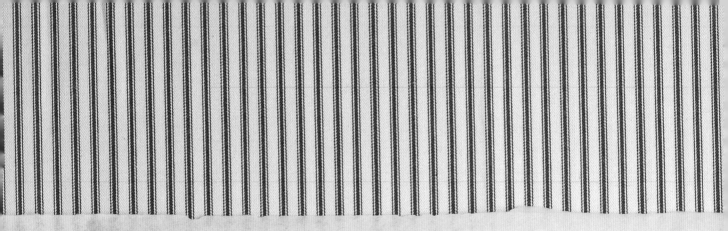

GLOSSAIRE

Acide lactique
L'acide lactique est un des sous-produits de la fermentation des saucisses, saucissons et salamis. Les bactéries lactobacillus et pediococcus permettent la métabolisation du sucre en produisant l'acide lactique.

Agent émulsifiant
Le E471, ou monostéarine, est un émulsifiant autorisé en France pour son innocuité sanitaire. Composé de mono et diacides gras, il est couramment utilisé pour conserver les charcuteries sans interférer avec leur goût.

Ascorbate de sodium
L'ascorbate de sodium (E 301) est le sel sodique de l'acide ascorbique (vitamine C). Il est très utilisé dans l'industrie agro-alimentaire comme antioxydant et comme préservateur des couleurs naturelles des aliments. On l'utilise généralement en complément du sel pour salaison.

Boyaux naturels
Issus de l'intestin grêle de porc, de mouton ou de bovins, ils sont très soigneusement nettoyés, puis saumurés, avant d'envelopper une multitude de produits (saucisses, chipolatas, saucissons, salamis...). Ils peuvent être aussi découpés en feuilles qui seront séchées avant d'envelopper des produits tels que la coppa et le lomo.

Carcasse
On mesure le poids de la carcasse du porc après l'avoir abattu, saigné, éviscéré, puis retiré sa langue, ses soies, ses ongles (ou onglons) et ses organes génitaux.

Chapelure de biscottes
Elle est ajoutée à la préparation hachée de certaines saucisses pour intensifier leur structure.

Cuisson sous-vide
Méthode de cuisson dans laquelle les aliments sont scellés dans des sacs spécifiques hermétiques, puis cuits dans de l'eau à basse température. Le temps de cuisson est plus long que lors des cuissons plus conventionnelles.

Cultures starter
Les cultures starter sont essentiellement composées des bactéries lactobacilles et pédiocoques. Elles servent à la formation de l'acide lactique ainsi qu'à la diminution du pH qui lui est liée et qui est importante pour la conservation, la stabilisation de la couleur, le séchage et la tenue du produit à la coupe.

Dextrose
Autre nom du glucose, ce sucre vendu sous forme de poudre blanche aide à la conservation de la charcuterie.

Fumer à chaud
La découpe de porc est fumée dans un fumoir à une température comprise entre 75 et 85 °C. Le temps de fumage (ou fumaison) dépend du poids et de l'épaisseur de la pièce de viande. Tous types de bois durs et secs conviennent à cette méthode.

Humidité relative
L'humidité relative de l'air, couramment notée φ, correspond au rapport de la pression partielle de vapeur d'eau contenue dans l'air sur la pression de vapeur saturante à la même température. Sa mesure est particulièrement importante dans la production de charcuterie et de produits séchés à l'air.

Macis
Le macis est l'enveloppe qui entoure la noix de muscade. C'est une épice méconnue qui possède une belle couleur orangée.

Nitrate de potassium
Plus communément connu sous le nom de salpêtre, il est utilisé comme un agent de durcissement dans le sel de salaison. Son utilisation est strictement réglementée et il est toujours préférable de s'approvisionner auprès de fournisseurs réputés qui attesteront de sa pureté.

Nitrite de sodium
Le nitrite de sodium (E 250) est un additif alimentaire souvent utilisé dans les produits de salaison. Il doit être utilisé avec modération : à fortes doses, il peut être toxique.

pH mètre
C'un appareil qui mesure avec précision les niveaux acide et alcalin des charcuteries fermentées. Il est indispensable pour assurer leur sécurité alimentaire.

Réfrigération
La mise au réfrigérateur permet soit de faire baisser la température interne des produits frais, soit de décongeler des produits surgelés, avant de les utiliser.

Rougissement
Processus de fermentation des charcuteries qui leur permet d'acquérir une belle couleur rouge après une phase grise peu appétissante.

Salpêtre
Voir nitrate de potassium.

Saumure
Cette solution d'eau et de sel pour salaison est utilisée pour préparer le bacon et le jambon pour une longue conservation.

Séchage à l'air
Ce terme générique concerne un mode de maturation à l'air libre (saucissons, jambons crus, pancetta...). La durée de la maturation dépend évidemment de l'épaisseur du produit. Plus il est épais, plus elle est longue.

Sel nitrité pour salaison
Sel de conservation mélangé avec du nitrite de sodium en différentes concentrations. Pour le salami, par exemple, le sel en contient 0,6 %.

Teneur en matières grasses
Le pourcentage (ratio) de matières grasses contenues dans la viande est facteur de son mode de conservation. Vérifiez lors de l'achat en fonction de la préparation que vous envisagez.

INDEX GÉNÉRAL

a

Abats, 130-197
Abricot, 135, 140
Ail, 65, 125, 146, 177
Andouille, 145
Asperge, 85
Avocat, 180

b

Bacon, 105, 110, 117, 121-122, 125
Beignet, 187
Bière, 121
Bleu, 126, 134
Boudin, 187
Boulette, 61, 184
 - Bratwurst de Nuremberg, 139
 - Bratwurst de Thuringe, 139
Bratwurst, 138-139
Brickhill, 81, 110, 146

c

Cassis, 61
Céleri, 56
Cervelle, 180
Châtaigne, 140
Chipolatas, 155
Chocolat, 197
Chorizo, 151, 155
Chou, 126
Choucroute, 24
Chutney, 90, 165
Citron, 26
Clou de girofle
Cochon de lait, 46
Cœur, 177
Coleslaw, 45
Coloration, 144
Compote, 93
Coppa, 81
Cornichon, 50
Côte, 45, 52, 55
Couenne, 58, 188
Couscous, 162
Crevette, 74
Crudités, 48
Crumble, 166
Cuisson des saucisses, 131
Curry, 25

d

Datte, 194

e

Échalote, 50
Échine, 37, 49
Endive, 177
Épaule, 28, 145, 151
Escalope, 61

f

Far, 141
Fermentation, 149
Filet, 61, 68, 70, 72-73
Foie, 166, 178, 184
Four extérieur, 46
Fraise, 52
Fumer à domicile, 107

g

Galette, 122
Gelée, 161
Gingembre, 135
Gratin, 126
Grattons, 26, 188
Grillade, 48

h

Haricot, 155
Hot dog, 152

j

Jambonneau, 21
 - Jambons à cuire, 84-99
 - Jambons fumés, 82-83
 - Jambons secs, 80-81
Jambons, 77-100

k

Kassler, 83

l

Laitue, 117, 178
Langue, 161
Lard, 42, 49, 109-110, 116, 118
Légumes, 96
Lentille, 94
Lomo, 81
Longe, 58

m

Madère, 172
Maïs, 122
Mangue, 165
Maturation, 149
Menthe, 178
Moule, 112, 121
Moutarde, 24, 52, 86, 94, 185
Mozzarella, 114
Museau, 189
Myrtille, 21

n

Navet, 118
Nems, 74
Noix de cajou, 53
Nouilles chinoises, 190

o

Oignons, 28, 141-142, 187
Orange, 22, 197
Oreille, 185, 190
Origan, 22
Orzo, 112
Osso buco, 99

p

Palette, 22, 24, 37
Pancetta, 109, 112
Parfait, 166
Pâté, 171
Petits pois, 114, 178
Pho, 70
Pied, 165
Pistache, 194
Poire, 55
Poireau, 134
Pois chiche, 92
Poitrine, 42, 50, 56, 105, 116, 118, 151, 184
Poivre, 68
Poivron, 65, 72
Pomme de terre, 118, 126, 189
Pomme, 56, 58, 96, 174
Porc jalfrezi, 72
Porc tikka masala, 73
Porchetta, 49
Potiron, 69
Potiron, 90
Prune, 28
Pruneau, 62, 116

q

Queue, 162
Quinoa, 53

r

Ragoût, 69
Raisin, 42
Réfrigération, 144
Rillettes, 49
Riz, 53
Rognons, 172-175
Roquette, 96
Rôti, 58

s

Salade, 48, 53, 94, 125, 185
Salaison, 103
Salamis, 149
Sandwich, 116-117
Sang, 197
Sauce soja, 68
Saucisse, 129-156
  - Saucisse du Cumberland, 135
  - Saucisses anglaises, 133
  - Saucisses épicées à l'italienne
Saucisson, 146, 149
Sauté (de porc), 65
Séchage, 149
Sirop d'érable, 26
Soupe, 162
Sous-vide, 30
Spaghetti, 114
Sureau (baies de), 21

t

Tamarin, 86
Terrine, 42
Tête, 194
Thym, 194
Tomate, 92, 93, 117, 122
Travers, 31-35

v

Vin, 142
Vinaigre de cidre, 24
Vinaigre, 68, 187

w

Westphalie, 83
Wraps, 180

INDEX DES RECETTES

a

Andouilles, 145

b

Bacon noir de Brickhill, 110
Bacon salé à sec, 105
Beignets au boudin noir et petits oignons braisés au vinaigre balsamique, 187
Bouchées de lard de poitrine aux pruneaux, 116
Bouchées feuilletées aux châtaignes et aux abricots, 140
Boulettes épicées aux pruneaux, 62
Bratwurst, 138
Bratwurst de Nuremberg, 139
Bratwurst de Thuringe, 139

c

Chorizos, 151
Clubs sandwichs au bacon, à la laitue et à la tomate, 117
Cœurs braisés aux 40 gousses d'ail et aux endives, 177
Compote de tomates, 93
Coppa, 81
Côtes de porc et coleslaw, 45
Côtes de porc grillées et poires confites au four, 55
Côtes de porc marinées aux fraises et à la moutarde, 52
Crème au chocolat porcine à l'orange, 197

e

Effilochée de porc à l'américaine, 37
Escalopes de filet de porc panées et sauce crémeuse au cassis, 61

f

Far aux saucisses et sauce aux oignons, 141
Filet de porc au poivre, vinaigre et sauce soja, 68
Foie aux lardons, petits pois, menthe et laitue, 178

g

Gratin de pommes de terre au chou et au bleu, 126
Grattons de couenne grillés, 188
Grillades de porc et salade de crudités pimentée, 48

h

Hot dogs, 152

j

Jambon à l'arôme d'asperge, 85
Jambon de Brickhill, 81
Jambon en croûte et chutney de potiron, 90
Jambon fumé comme en Westphalie, 83
Jambon glacé aux clous de girofle, au tamarin
   et à la moutarde, 86
Jambon saumuré, 85
Jambonneau braisé aux myrtilles et baies de sureau
   séchées, 21

k

Kassler, 83

l

Langues en gelée persillée poivrée, 161
Lard de poitrine, 105
Lard de poitrine à l'américaine, 110
Lard de poitrine pimenté, 109
Légumes braisés au jambon et salade de roquette
   aux pommes, 96
Lomo, 81

m

Mes boulettes de porc, 184
Mitonnée de haricots aux chipolatas et au chorizo, 155
Mitonnée de rognons et de boulettes à la pomme, 174
Mon curry vindaloo parfumé, 25
Mon pâté, 171
Mon pho, 70
Mon porc tikka masala, 73
Moules au bacon et à la bière, 121
Museaux de porc et pommes de terre à la boulangère, 189

n

Nems au porc et aux crevettes, 74

o

Oreilles de porc en deux cuissons aux nouilles chinoises, 190
Osso buco de porc, 99

p

Palette de porc à la choucroute, au vinaigre de cidre
   et à la moutarde, 24
Palette de porc rôtie au vin blanc, à l'orange et à l'origan, 22
Pancetta aux moules et à l'orzo, 112
Pancetta fumée, 109
Parfait de foie de porc en crumble, 166

Petites galettes au bacon et au maïs et salsa de tomates
    persillée, 122
Petits saucissons secs, 151
Pieds de porc en deux cuissons glacés au chutney
    de mangue, 165
Poitrine de porc grillée et sauce aux échalotes
    et cornichons, 50
Poitrine de porc rôtie aux pommes et au céleri, 56
Pommes de terre sautées au lard de poitrine
    et aux navets, 118
Porc jalfrezi, 72
Porchetta, 49

Saucisses au poireau et au bleu, 134
Saucisses aux abricots et au gingembre, 135
Saucisses braisées aux oignons et au vin rouges, 142
Saucisses du Cumberland, 135
Saucisses épicées à l'italienne, 136
Saucissons à l'ail fumés de Brickhill, 146
Sauté de porc velouté à l'ail et aux poivrons, 65
Soupe de légumes à la queue de porc et au couscous, 162
Spaghetti à la pancetta, à la mozzarella
    et aux petits pois, 114
Steaks de jambon fumé grillés aux tomates
    et pois chiches, 92
Succulent porc caramélisé aux prunes et aux oignons, 28

r

Ragoût de porc au potiron, 69
Rillettes, 49
Rognons au madère, 172
Rognons sautés à la sauce verte, 173
Rôti de porc en couenne croustillante et compote
    de pommes, 58

t

Terrine de porc aux raisins, 42
Tête de porc rôtie farcie aux pistaches, aux dattes
    et au thym, 194
Travers de porc à l'indienne, 35
Travers de porc à la chinoise, 34
Travers de porc Saint-Louis, 31
Travers de porcelet teriyaki, 35

s

Salade d'oreilles de porc à la moutarde, 185
Salade de grattons croustillants au sirop d'érable
    et au citron, 26
Salade de quinoa au riz et aux noix de cajou, 53
Salade tiède au bacon et à l'ail rôti, 125
Salade tiède au jambon et sauce moutarde aux lentilles, 94
Sandwichs à la baconaise, 116
Saucisses anglaises, 133

w

Wraps à la cervelle et à l'avocat, 180

Un tel ouvrage ne sort pas du néant : c'est pourquoi je tiens à remercier ceux qui ont permis son existence en participant activement à sa fabrication.

D'abord Kyle, qui nous a donné l'opportunité de traduire 50 années de tâches communes sous forme écrite, ce qui fut un gros travail d'adaptation. Merci également à toute notre équipe éditoriale : la très souriante éditrice Judith Hannam, le correcteur Jo Richardson, l'assistante Tara O'Sullivan et la maquettiste Helen Bratby.

Ensuite mon agent, désormais retraité et toujours regretté monsieur John Rush ainsi que son successeur Luigi Bonomi. Merci messieurs.

Les photographes furent exceptionnels en toutes circonstances. Aussi je remercie vivement Peter Cassidy pour toutes les heures passées dans la boue, et parfois sous la neige, auprès des cochons pour obtenir la meilleure image. Et aussi la styliste culinaire Mima Sinclair pour ses rendus talentueux de plats préparés, ainsi qu'Iris Bromet qui mit le tout en valeur.

Ma fascination pour les cochons débuta très tôt au contact de monsieur George King. Lequel m'apprit combien la bonne viande dépend du bonheur de l'animal, de la qualité de sa nourriture et de son environnement. Je ne l'ai jamais oublié. Plus tard, une autre personne relança ma réflexion : Peter Gott dont le savoir est immense et qui fut toujours à mon écoute lorsque je demandais de l'aide. Et je pense également à John Rickatson, étonnant éleveur de porcs. Ainsi qu'à monsieur Paul Gutteridge qui m'aida en toutes circonstances.

Et enfin Simon Boddy qui est, pour toujours, l'homme de la situation. Et ce n'est pas souvent que je dis cela…
Phil Vickery

À Phil tous mes remerciements pour m'avoir permis de collaborer à cet ouvrage. J'ai aimé chaque instant de ce travail partagé. Et j'y associe Peter Cassidy ainsi que l'équipe de Kyle Books qui partagea notre passion. Ce fut un réel plaisir que de collaborer avec des personnes aussi talentueuses… Bref : un moment d'exception.
Simon Boddy